/欧美中小学通识启蒙读本/

张丽/主编

地理的故事

Van Loon's Geography：
The Story of The
World

［美］亨德里克·威廉·房龙/著

志晶/译

天津出版传媒集团

天津人民出版社

图书在版编目（CIP）数据

地理的故事 / (美) 亨德里克·威廉·房龙著；志晶译 . —— 天津：
天津人民出版社，2017.6
（欧美中小学通识启蒙读本 / 张丽主编）
ISBN 978-7-201-11708-9

Ⅰ.①地… Ⅱ.①亨… ②志… Ⅲ.①地理 – 世界 – 青少年读物
Ⅳ.① K91-49

中国版本图书馆 CIP 数据核字 (2017) 第 097218 号

地理的故事
DILI DE GUSHI

出　　版	天津人民出版社
出 版 人	黄　沛
地　　址	天津市和平区西康路35号康岳大厦
邮政编码	300051
邮购电话	（022）23332469
网　　址	http://www.tjrmcbs.com
电子邮箱	tjrmcbs@126.com

责任编辑	陈　烨
策划编辑	张　历
装帧设计	平　平

制版印刷	三河市兴达印务有限公司
经　　销	新华书店
开　　本	900×1270毫米　1/32
印　　张	8.25
字　　数	160千字
版次印次	2017年6月第1版　2017年6月第1次印刷
定　　价	32.80元

前 言

你在十年前曾给我写了一封信。在信中，你这样写着（此处我引用信的原文）：

没错，何为地理？不，我并非想要一门全新的地理课。我想要的是更适合自己的地理书，它将我想了解的任何内容均囊括在内，却将我不想了解的内容摈弃掉。我希望你可以写出一本这样的地理书。

我正在所上的学校将地理看作是相当严肃的事情。我所学的地理知识仅仅是不同国家的概要，这其中不但包括它们的疆界划定，而且还包括它们的城市概况、人口结构；我学到了每座山脉的名称、高度，以及那里每年煤炭的开采量……

可是，我学得快也忘得快。这是由于这些信息之间没有内在联系，它各自独立为混乱的、不好消化吸收的知识碎片，就如同一座塞满图片的博物馆，或一场烦冗、拖沓的音乐会。

对我而言，这真的不具有任何实际价值，为此，每当我需要一些精确的数据时，我只好去翻阅地图、地图册、百科全书或蓝皮书。我想，或许，相同的情形也发生在其他人身上。为了让每一位可怜的受害者不再遭罪，你愿意写一本对我们十分有益的"新地理书"吗？

在你的地图上，你仅需把每一座山脉、每一座城市、每一片海洋呈现出来，然后，将那里的居民的生活情况，人们之所以生活那里，以及他们从何处来、做什么……一一告诉我们即可。

总之，你只需将人们认为有趣的、和地理相关的故事写进去。并且，请你一定要把那些真正有趣的国家作重点介绍，而对于那些徒有其名的国家则一笔带过，因为只有这么做，我们才可能将它们全都记住，不然的话……

如同平时一样，我一接到你的请求就急切地要将其完成。今天，我会给你想要的答案。现在，我可以转身对你说："亲爱的，这就是你想要的！"

亨德里克·威廉·房龙

目
CONTENT
录

第1章 地球上的人类

有些事听起来不可理解，但却是真实存在的。假如我们地球上的人人均身高6英尺①、宽1.5英尺、厚1英尺（事实上要比真实的人高大一些），那么，地球上全部的人（最新统计资料表明，人类如今差不多有20亿人——译者注：依照房龙当时所处时代的人口统计数据，下同），可以被装进一个长、宽、高各为半英里②的大箱子。

就如我刚才所说，这听上去不可理解。不过，若你不信，你自己去计算，就会发现它真的没错。

假如这个大箱子被我们运到美国亚利桑那州的科罗拉多大峡谷，为了防止人们在面对这巧夺天工的、令人惊叹的美景时，因过于惊讶而扭断了脖子，于是乎，我们将这大箱子平稳地放在矮矮的石崖上。然后，我们将一条名叫"小笨蛋"的达克斯猎狗（这真是一个聪明又听话的小家伙）召唤来，让它用那褐色的柔软的小鼻子轻轻地拱一拱那庞然大物。

随后，大木箱轰然落下，在下落的过程中不停地撞向石头、灌木、树木，发出噼里啪啦的隆隆声和撕裂声，伴着一阵低沉、柔和的噼啪声，最终，一下子砸进科罗拉多河的河岸，激起一片水花。

最后，一片沉寂，所有的一切均被湮没了。

世界很快就把死亡箱中的"人类沙丁鱼罐头"抛之脑后。

科罗拉多大峡谷还是如常地经受着风吹霜冻、日晒雨淋，矗立在那儿，亘古如初。

在神秘的宇宙中，地球照常沿着既定的轨道运行着。

不管是遥远的星球还是近地星球的天文学家，均不曾察觉任何异象。

---

① 英尺，长度单位，1英尺约等于30.48厘米。

② 英里，长度单位，1英里约等于1609.34米。

100年后，一个被厚厚的、植被覆盖的小山丘或许可以表明，曾经的人类就埋葬在这里。

以上，就是人类故事的全部。

我绝对可以想象到，对于这个故事，一些读者必定不会喜欢。在他们看来，让其引以为豪的人类竟然沦落到如此可悲、可鄙的境地，那是一件十分难受的事情。

不过，我们还可以换个角度来看此问题。从这个角度来看，人类可以将自己体形弱小、数量稀少的劣势，彻底转化成极具深远意义的、名副其实的巨大优势。

在此，我们仅仅是一些既柔弱的又无法自保的哺乳动物。在人类诞生的首个黎明开始，成群结队的动物就将我们团团包围住——此前，这些动物为了赢得生存竞争做了许多准备。

这些动物中，有的体长达100英尺，体重像一个小型火车头；有的牙齿锋利如圆锯；还有许多身披中世纪骑士盔甲般的外壳，到处走动，寻欢觅食；还有一些人类用肉眼看不见，但繁殖速度快得惊人的物种，若其天敌未用同样惊人的速度将其消灭，或许，无须一年的时间，它们就会将整个地球都霸占了。

同时，人类所能生存的环境必须是最适宜的环境，人类仅能在高山和深海间的几块小小的、干燥的陆地居住。而我们的竞争者则不然，它们野心勃勃，对山高海深无畏无惧。显然，它们可以依靠构成其身体的物质，在任何难以想象的自然环境中生存下去。

我们由一些经典著作中获知，有一类可以在石油（难以想象，我们竟然可以将它们作为日常饮食的主要成分）里尽情嬉戏的昆虫；还有一些可以在温差极大的环境下生存的昆虫，而我们人类若身处温差如此悬殊的环境，数分钟之内就会没命；还有那些可怕的棕色小虫子，它们似乎对书籍情有独钟，不知疲倦地爬行于我们的书橱里，就算是没了双腿、三条腿，甚至四条腿，它们还可以不停地爬着，而我们的脚趾就算被针扎一下，也会感到十分不舒服。

当我们弄清楚以上情况后，就会意识到，这个不停运转的多岩石星球，从我们出现在它上面，到消失于残酷无情的宇宙中某个最黑暗的角落，在这一过程中，我们必须要面对诸多竞争者。

那些披着厚皮的竞争者——动物，在我们一旁虎视眈眈，看着我们这些粉红色的原始人首次用后腿直立行走，不去攀缘树枝，不手持拐杖……于是，它们因我们那蠢笨的样子而放声大笑。

那些一度借助暴力与狡诈，傲视两亿平方英里的大陆和海洋（辽阔的大气层除外）的王者，曾一度对地球施以至高无上的统治，而如今，它们又在何方呢？

在我们的注视下，地球上那些曾称霸一时的大部分雄者都消失了，它们因我们的缘故，在自然历史博物馆内赢得了一席之地，我们为其贴上"展品A"或者"展品B"的标签。

还有其他一些生物，出于生存的目的无奈地成为人类的家畜，将皮毛、蛋、奶、肉提供给人类，或者成为我们搬运重物的劳力。

更多的生物则被我们驱赶到荒郊野岭，在那里以草木为生，在那里繁衍后代，原因是我们认为，截至目前，它们没必要被消灭殆尽，占领其领地对于我们而言早已失去了意义。

简言之，人类在几十万年的时间内（对永恒的时间长河而言，这仅仅是短暂的一瞬间），成为这个星球上所有土地的无可置疑的统治者。甚至于，如今，人类还把大气层和海洋也纳入到了自己的疆域。

你可以由当下的一切得出如下结论：这一宏伟的目标是由几亿人共同实现的——人类具有绝对的理智，而这是人类超越其他所有物种的优势。

　　说到此处，我有些过于夸张了。因为这种天赋的理智和独立思考的能力仅被一小部分人掌握，而他们当仁不让地成为群众的领袖。其他人虽然不满于这样的现实，内心愤愤不平，不过也只能默默忍受。甚至可以说，无论人们怎样努力奋斗，能被人铭记的真正的先驱仅为万分之一。

　　我们不清楚沿着这条路走下去，人类将走向何方。不过，过去4000年所取得的成果告诉我们，人类将在未来取得无可估量的成就，前提是其不被天生的野性所束缚，不会偏离了正常的发展道路。

　　要知道，人类内在的野蛮的本性，会令我们在对待同类时相当残酷，而对待一头牛、一条狗，甚至一棵树时，却不会用相同的方式。

　　所以，人类将地球以及地球上的所有的事物都掌握在手中。对于那些还不曾被人所掌控的东西，人类则会凭借聪明的头脑、卓越的远见和手中的枪炮将其征服和占有。

　　我们的家园是如此美好。它为我们每个人提供了丰富的食物，让我们免受饥饿之苦。它为我们提供大量的岩石、泥土和森林，让人人有可遮风避雨的房屋可住。从牧场上温顺的羊群，波澜起伏的开满蓝色花朵的亚麻地，以及桑树上忙碌的蚕宝宝的身上，我们获得蔽体的原材料，让自己免受严寒和酷暑的煎熬。

　　我们的家园是如此美好。我们从它那里得到众多的恩泽，所有的人，无论男女老少，无不从中获益。就算是未来出现意外的灾祸，假如略作调配，人类也可以获得这些恩泽的庇护，进而安然度过困难时期。

　　不过，大自然自有其法则——这是一些公平、公正且严酷无情的法则，而且，地球上不存在可供人类上诉的法院。

　　我们由慷慨的大自然那里获得无尽的恩泽，它是那么的大方而无私，但它同时也要求我们学习并遵守它的法则。

要是把100头牛放养于一片仅能放养50头牛的草地上，那必定会引发灾难。这是所有牧民均懂得的常识；而原本仅能供10万人的居住之所，若住上100万人，必然会造成拥挤、贫穷和不必要的痛苦。可是，那些主宰我们命运的先驱们，显然是把这明显的事实给忽略了。

人类犯了无可计数的错误，不过，这还并非其中最严重的错误。人类还用其他方式伤害着那位慷慨、无私的大自然母亲。在现存的物种中，人类是唯一敌视同类的。你看，狗不会吃狗，虎也不吃虎，没错，甚至最让人讨厌的鬣狗也会和同类和平共处，可是，人类却互相仇视、彼此厮杀——当今世界，防患来自邻国的杀戮，做好随时进攻的准备，是每个国家的头等大事。

《圣经·旧约·创世记》第一章指出，同类之间应当友好相处，善待他人，若公然违背信条，就会造成人类的覆灭。这是由于我们的敌人时刻在窥伺着我们，打算乘虚而入。假如智人（这一称谓极具谄媚的味道，来自那些愤世嫉俗的科学家，其目的是为了凸显人类的智力水平远高于其他物种）无法或不愿意成为这个世界的主宰者，那么，这个位子会成为成千上万的候选者的争夺目标。

想一想，假若一个世界由猫、狗、大象或者一些组织严密程度更高的昆虫主宰着，似乎的确比一个满是军舰、大炮的星球好太多！

我们因为祖先的愚昧无知而步入了一个充满悲惨和灾难的死胡同。希望本书可以略尽绵薄之力，让我们可以找到一条出路，一条唯一可行的出路。

前路漫长，等待着我们的是几百年缓慢而痛苦的教化过程，如此，我们方能找到一条真正的自救之路。

我们会意识到：人类身处同一个星球，每个人都是同行的伙伴，地球是我们共同的家园。不管是否还存在其他可居住之地，我们将永远固守在这个于偶然间降生于此的地方。一旦我们领悟了这一经过千锤百炼的真理，一旦我们认清了这个事实，我们就要心甘情愿地谨言慎行，如同乘坐于奔向未知之地的火车或者轮船上的旅客一样。

如此，我们就迈出了克服这一可怕问题的第一步，当然，也是最重要的一步，因为这就是所有问题的根源。

所有的人类均为同一星球上的旅伴，我们祸福与共，生死相依！

说我是梦想家也罢，骂我是傻瓜也好，或者称我是异想天开的空想家也无所谓。不然，请让警察或救护车将我送到一个我再也无法散布这种不受欢迎的"异端邪说"的地方吧！不过，请牢记我说过的话，并在人类不得不将自己的小玩具收拾好，不得不将幸福的钥匙交给更有资格的新继承人时，请回想我曾经说过的那些话吧！

下面这句话包含着人类生存下来的唯一希望：

我们仅有一个地球，每一个人都是这一星球上的旅伴，都应承担起让这世界变得更加幸福的责任！

第2章 地理学的定义

地理学在本书中的应用

在旅行之前，我们或多或少要弄清楚自己出游的目的地和路线。同样，读者在翻看一本书的时候，也希望可以看到一些类似的信息。所以，在本书中，为"地理学"下定义也就是合情合理的事情了。

此刻，一本《牛津简明英语词典》恰好放在我的桌上，它能给出十分合理的解释，就如同其他词典所标示的一样。我发现，自己要找的词就在1912年版词典的344页下方：

地理学：对地球的表层、结构、自然特征、自然区域与政治区域、气候、物产及人口状况进行研究的科学。

我不期望自己可以给出更好的解释，不过，我会将一些内容突出，同时将某些方面弱化，并在最重要的位置介绍人。在本书中，我不但要介绍地球的表层、自然特征、自然区域与政治区域，更要介绍人类在其中的重要作用——我对人类怎样觅食建屋、休憩娱乐进行深入研究；我对人类怎样发现自然规律，适应自然规律，改造自然环境从而让自身有限的能力得以发展，并为此过上舒适、满足和幸福的生活进行探索。

"上帝也有一些特别奇怪的信徒"，这话言之有理。没错，我们发现，一些个性古怪、与众不同的伙伴也生活在这个地球上。我们第一次与他们接触时就发现，他们中的大部分人会表现出相当让人讨厌的个人习惯（当然，这些特点往往不会在我们的孩子身上发现）。

但是，地球上生活着几十亿人呢，就算是将他们全部装进一个大箱子，这也无疑是一个极其庞大的数字。况且，还有诸多类型的经济、社会、文化等人文特征存在其中。所以，在我看来，最值得关注和重视的，就是这些人文特征。

一座大山，当人类的双眼发现它，且在它的上面立足之前，当一代代饥饿的定居者占领、开垦、掠夺它之前，仅仅是一座大山而已。

永恒的大西洋从来都是那么深邃、辽阔、湿润，不过，它却在

13世纪初因为和人类的接触，导致自己发生了巨大的变化——成为连接美洲新大陆和欧洲旧大陆的桥梁，成为沟通东西方的贸易大道。

俄罗斯广袤无垠的大平原物产丰饶，此前却静静地等候了数千年，最终才等到了第一个不辞艰辛来这里播下第一颗粮种的人。不过，若是在这片土地上犁出第一道沟的是日耳曼人或法兰克人，而不是斯拉夫人，那么，呈现在俄罗斯土地上的，必定会是另一番面貌。

日本诸岛所在地，地壳运动剧烈，地震频繁发生，生活在此岛上的人，包括土著人、已绝种的塔斯马尼亚人都无法将这种状况改变。若是塔斯马尼亚人居住在这些岛上，那么，生活在这里的千千万万的人，极可能吃不饱、穿不暖。

至于英伦诸岛，假如它的统治者是那不勒斯人或柏柏尔人，而非好战的北欧人，那么，要想让它成为一个日不落帝国的中心，统领全球近1/6的人口，掌控比母国大150倍的疆土，将会是一个永远的梦想。

总之，我更注重地理学的人文特征，而不是给这个彻底沉醉于扩大生产的时代赋予过多内涵的商业问题。实际上，我由经验得知，不管你再怎样强调进出口贸易额、煤产量、石油储量及银行存款的重要性，读者依旧不会逐页地背诵这些数字。

而且，若读者的确需要这些数据，他一定会再次查阅大量的工具书，并在诸多互相矛盾的统计手册的帮助下，将这些数字一一加以确认。

第3章　我们的地球

地球的特征、形态和规律

让我们自一个古老而确定无疑的定义开始："地球是一个孤独悬挂在宇宙中的、极小的、黑色物体。"

地球是一个"扁圆体"，并非"球体"，也并非球状物。它和圆球相似，不同之处在于：地球的两极略微扁平一些罢了。那么，何为"两极"呢？你拿一根毛衣针笔直地从苹果或橘子的中间穿透，毛衣针穿入和穿出之处，就是这个球体的"两极"。

地球的两极，分别位于大海之渊（北极）和高原之巅（南极）。

按照扁圆体的定义，极地是扁平的，不过，你无须为这一点点"扁平"而费神。原因是地球两极之间的中轴线的长度，相较赤道的直径要短1/300。

换言之，若你恰好有一个直径为3英尺的大地球仪（这么大的地球仪你只能在博物馆里找到，在商店里是买不到的），你就会发现，它的中轴线长度仅比赤道直径短1/8英寸①。如此小的差距，你是无法在普通地球仪上发现的，除非它的做工特别精细。

当然，对于那些极地探险家和地理学家而言，他们会因为这一差距而产生极大的兴趣，不过，对这本书的读者来说，只须了解我前面提到的内容就足够了。

你可以从物理实验室的演示中知道：就算是小到一粒微尘，在它自转的时候，它的两极也会不由自主地变得扁平。不妨让你的老师将这一结果演示给你看，否则，你就只能跑到两极去实地考察了。

众所周知，地球是一颗行星。希腊人创造了"行星"一词。他们很早就观察到（或者认为自己观察到），某些星体在宇宙中始终在运转，而有些球体则是静止不动的，所以，他们称前者为"行星"

---

① 英寸，长度单位，1英寸约合2.54厘米。

（或"流浪星"），称后者为"恒星"。

因为当时的希腊人没有望远镜，所以，他们无法观察到恒星的运行。至于"星星"一词，我们现在还不清楚它的来源，或许它与梵语中的"撒播"（或点缀）这个词的词根相关。假如这是真的，那么，星星就如同"撒"在天空里的小火花——这真是一个美丽异常、贴切无比的描述！

地球绕日运行，并从太阳那里获得光和热。太阳的体积是太阳系内全部行星体积总和的700多倍，而且太阳表面温度高达6000℃。因此，地球得自这个邻居的光和热只不过是一点点而已，实在少得可怜。因此，地球不必为此感到惭愧和不安，而且，太阳对于自己付出的这一点点恩惠也丝毫不放在心上。

古人认为，宇宙的中心就是地球，地球是一小块平坦而干燥的圆形陆地，它的四周是浩瀚无边的大海，并且悬浮在空气中，如同孩子们手中断线的气球一样。只有少数几个更聪慧、更明智的希腊天文学家和数学家（这是首批未经神父同意就敢于自我思考的人）相当肯定地指出，这一理论绝对不正确。

经过几百年艰难而执着的探索和论证，这些先驱得出如下结论：地球是圆的而非平的；是飘浮在空气中的，而非静静地悬挂在空气中，更不是宇宙的中心；它以较快的速度围绕着太阳（一个体积远大于它的星球）在不停地运转。

与此同时，这些天文学家和数学家还指出，那些所谓的"静止的星星"，事实上也是行星，而且，它们并不是绕着地球运转，而是和地球一样，共同围绕太阳公转。它们不但是我们的同伴，而且也是"太阳母亲"的孩子，它们遵循着如同规范我们日常行为的那些准则（比如什么时候起床，什么时候睡觉），顺着各自既定的轨道运行，一旦出现偏差，就会走向毁灭。

在罗马帝国濒临灭亡的200年里，当时的知识阶层已经接纳了这一假说，并把它看作是不容辩驳的真理。然而，公元4世纪初，教会执掌大权后，若人们再坚信这个真理，特别是"地球是圆的"这一真理，就会为自己招来杀身之祸。

不过，我们不会为此而苛责教会，因为在当时，基督教的那些最早的信徒，都出身于很少有机会接触到新兴学说的阶层。除此之外，他们还坚信：世界末日马上就要来了，到那时，耶稣为了让他的民众重返受难地，就要对人们的善恶做出末日审判。而且，每一位信徒都可以见证耶稣自荣光中降临。

根据他们的观点，他们的推理绝对正确。若事实（他们对此坚信不疑）果真如此，那么，地球一定是平的。不然的话，耶稣一定会出现两次——分别为了东西两半球的信徒。当然，如此荒谬、离奇且亵渎神灵的事情是根本不可能发生的。

所以，教会用了近千年的时间，不断地将以下思想灌输给信徒：地球是一个扁平的圆盘，是宇宙的中心。然而，在知识分子和一些修道院学者中，在迅速发展起来的新兴城市里的天文学家中，地球和其他行星共同绕着太阳运行的古希腊学说依旧为人所接受。

然而，相信这种学说的人只能私下讨论这个话题，并将知识严密地封闭在自己的圈子里。他们清楚，如果公开谈论这一理论，不但会将成千上万蒙昧民众平静、安宁的生活给打破，而且，对于早日解决这一问题也没有任何帮助。

然而，自此以后，绝大部分基督徒都不得不接受以下事实：我们居住的这个星球是圆的。15世纪末，古希腊的"地圆学说"已经得到了社会的普遍认同——这一学说是以从古至今一系列观察结果为基础建立的：

第一，当我们在向一座大山或一条大船靠近时，山顶或桅杆是最先看到的事物。然后，当我们慢慢向它靠近时，才可以将它的全貌看清楚——这是一个确凿无疑的事实。

第二，我们无论身在何地，所见到的风景好像都是圆形的。所以，无论我们看到的是大海还是所有的陆地，我们的视线都是平行移动的；而且，当我们乘坐热气球脱离地面升到天空，或站在高塔上的时候，我们的视野就会开阔得多。假若地球恰巧是鸡蛋形的，那么，我们就会发现，自己身处于一个大椭圆的中心位置上。假若地球是正方形或者三角形，那么，地平线也应该为正方形或三角形。

第三，发生月偏食时，出现在月亮上的地球的影子是圆形的，而圆形的影子只有圆形的物体才会产生。

第四，既然其他行星和恒星都为圆形，那么，地球作为浩瀚宇宙中数十亿颗星球中的一员，也必然如此。

第五，麦哲伦带领船队一直向西航行，三年后，他们依旧回到了始发地；库克船长也经历过类似的经历，其船队自西向东航行，最后探险队中的幸存者们也回到了当初出发的港口。

最后，当我们向北极方向走的时候，我们发现，那些熟悉的星座（古老的黄道十二宫）变得越来越低，最后消失于地平线上；然而，当我们向赤道方向走的时候，这些星座会依次升起，并且越来越高。

我希望，自己提出的这些无可争辩的事实，可以将我们生活的星球绝对是圆形的这一特点加以证实。不过，若这些证据还无法让你满意，你就需要请教一个值得信赖的物理学教授。他会将一块石头由高塔上扔下去，让其做自由落体运动，用这个方法来向你证明，地球无疑就是一个球体。若他只用简单、易懂的词语让你明白这一道理，那么，你就一定掌握了比我还要多的物理知识和数学知识。

在此，我还可以将大量的科学数据一一列举出来，不过对你来说，这些都没有什么用处。计算这些让人反感的数字，并不适合一般人的智商（包括我自己在内）。

例如，光的运行速度是186,000英里／秒。所以，在一瞬间，光就可以绕地球转7圈。按光的这个速度计算，与我们相距最近的恒星（半人马座阿尔法星）发出的光，在4年零3个月以后才能被我们看到。

此外，太阳光到达地球需要8分钟，而达到水星仅需3分钟；北极星在航海中发挥着重要的作用，它发射的一束光到达地球则需要400多年的时间。

当我们对这些距离或者光年的概念展开"想象"时，大多数人都会感觉头昏脑涨。光年，就是一束光在一年的时间里走过的距离，它的计算方式是：$365 \times 24 \times 60 \times 60 \times 186,000$英里。因为这些数字特别巨大，以至于我们仅能发出"哦，是的"之类的感叹词，然后就抛在一边了。

然而，我们大部分人都对火车很熟悉，那么，不妨以它为例进行解释吧。

一辆普通的载客火车日夜不停地行驶，要用260天的时间才能抵达月球。假若这列火车从今天（1932年）出发，那么，它会在公元2232年抵达太阳，要用8300年才可以到达海王星的边缘。

然而，和到达最近的恒星的旅程相比，这段旅程就如同孩子们玩的游戏一样轻松——而实际上，这段旅程是漫长的75,000,000年！

假若想到达北极星，那么，这列火车就要不停地向着目标奔跑700,000,000年！700,000,000年，这可真是漫长得吓人的一段时间！假设人类的平均寿命是70岁（乐观地估计），人类不停地繁衍10，000，000代，这列火车才能抵达终点！

伽利略时代的天文学家仅依靠简单、有趣的仪器对天空进行观测，却做出了许多重大发现。而现在的望远镜已经进行了极大的改进，不过，我们可以看得见的部分宇宙，目前依旧是人们谈论的主要对象。

就算是这样，它们也并不完美，直到我们将望远镜的镜头扩大了1000倍，才让我们在天文方面的研究获得了突破性的进展。所以，我们所谈论的宇宙，实际上就是"人类用肉眼可以看到到的，或者在感光胶片的帮助下观察到的宇宙的一部分"。

至于人类还不曾观察到的宇宙的剩余部分，人类就对其一无所知了。更糟糕的是，我们中的许多人甚至都没有胆量去想。

在数以百万的恒星和其他星体中，有些和地球固定为邻，有些则不是。在这些邻居中，太阳和月球是地球"最亲密"的两个近邻，因此，对我们的生存产生了直接且显著的影响。比如，太阳每隔24小时就会为半个地球提供光和热；月球与地球相距特别近，所以，可以对海洋的运动产生影响，于是，潮汐这种奇异而独特的水流现象就产生了。

月球的确和地球相距特别近。所以，虽就体积而言，月球要比太阳小得多（若我们将太阳看作一个直径为3英尺的球，那么，地球就如同一颗豌豆，而月球只不过是一个针尖了），不过，它对地球表面的引力要远远大于太阳对地球表面的引力。

若地球完全是由固体物质构成的，那么，月球对地球的引力就可以忽略不计了。不过，水覆盖了地球表面的3/4，所以，水会随着月球绕地球运转而潮起潮落，就如同一块磁铁由桌上经过，会将桌上的铁屑带着移动一样。

宽几百英尺的河中的水流，会在月球引力的作用下昼夜不停地奔流着。当它进入海湾、港口或河口时，就会马上收缩，从而形成高达20英尺、30英尺，甚至40英尺的巨浪，这时，若有船只在它附近航行，就会遭到重重阻力。

当太阳和月球正好处于地球的同一侧时，引力自然要比只有月球时大得多，于是，我们常说的"大潮"现象就会出现。在世界上的许多地方，一次"大潮"就会导致一次小规模的洪灾。

一层氮气和氧气把地球严密地包裹住，即我们所说的"大气层"或者"空气"。大气层厚约300英里，随着地球运转，并对地球进行保护，就如同橙皮包裹着橙肉一样。

差不多在一年前，一位瑞士的教授乘坐一个特制的热气球到达了高达10英里之处，这是人类第一次到达如此高度。这是一个伟大的创举，不过，还有290英里等待着我们去探索呢。

大气层、地球的表层和海洋，三者共同建起了一个实验室，狂风、雷雨、大雪、干旱等多种多样的天气在这里产生。由于我们的幸福生活时刻被这些天气影响着，因此，我们应对天气的诸多方面详加讨论。

土壤的温度，季风，空气的湿度，是影响气候变化的三个要素。"气候"本指"地表的倾斜度"。由于希腊人早就发现，与极点的距离越近，地表"倾斜"得就越厉害，所处之地的温度和湿度的变化就越大。因此，"气候"一词的含义就专指某个区域的气候状况，而非其确切的地理位置。

现在，我们来讨论一个地区的"气候"，也就是该地一年四季中常见天气的一般情况。

首先，我们将神秘的风当作第一个讨论对象。在人类文明的进程中，风是一个非常重要的角色。假如没有在热带海洋盛行的信风，那么，人类就必须等到蒸汽船发明之后，才能发现美洲大陆；假如没有湿润的和风，加利福尼亚和地中海沿岸就无法出现现在这样的繁荣、富足，而且，其富足程度会远低于东部和西部相邻的地区。

更不用说那些随风而动的飞沙走石，如同一张巨大的、无形的砂纸，在几百万年的时间里，就将地球上最雄伟的高山夷为平地。

"风"，就其字面意思是指"迂回前进"。所以，风就是一股气流，它由某地"迂回前进"到另一个地方。可是，气流何以会从一个地方前进到另一个地方呢？原因是一些地方的气流温度高于其他地方的气流温度，所以，这里的气流会轻于其他地方的气流，进而出现了尽可能升高的趋势——这样一来，真空地带就出现了——此时，较冷、较重的空气就会乘虚而入，将这个真空地带填补上。

我们当然清楚怎样在房间里制造热气。其中，最简单的方法就是生火。在太阳系中，太阳即火炉，行星即被加热的房间。地球上得到热量最多的地方，就是最靠近火炉之处（也就是赤道附近），获得热量最少之处，就是与火炉距离最远之处（也就是南北极）。

现在，火炉让空气发生了剧烈震荡，也就是形成了一种环形流动。热空气始终处于上升状态，直至上升到"天花板"，一旦它升到了极致，它就会远离热源，进而慢慢冷却下来。而空气会因为冷却的过程而渐渐变重，又得以重回地面。

不过，当冷空气慢慢向地面靠近时，它就与火炉的距离越来越近了，当然也因此获得了热量，变热变轻，开始上升——如此循环往复，直到火炉熄灭。然而，房间中的墙壁在火炉燃烧的时候也将相当多的热量吸收过来，从而让屋内的温度保持稳定，而保温时间的长短则取决于建造墙体的材料。

这些墙壁，就如同我们赖以生存的土地。就吸热、散热的速度而言，沙子和石头要快于湿润的沼泽。所以，沙漠地区的气温会在日落后没多长时间就变得很低，以至于寒气袭人；而在森林里，即使在夜幕降临后的几小时内，还可以保持温暖舒适的状态。

水，是货真价实的蓄热池。所以，相比于内陆地区，近海和沿海地区的气温变化更加温和宜人。

因为太阳这个火炉在夏季燃烧得比冬季更旺，时间更长，所以，夏季温度比冬季高。不过，太阳的供热作用还受着其他因素的影响。在某个极冷的日子里，你如果将一个小型电热器安装在浴室里取暖，你或许就会发现，电热器摆放的角度在极大程度上决定了温度的高低，太阳也是如此。

在热带地区，太阳照射到地表角度相比照射到两极地区要直得多。所以，在非洲丛林或者南美荒原，100英里宽的阳光可以在100英里宽的地表范围内均衡地直接照射，将其所有的热量都倾注于这100英里宽的区域内，而不会在其他地方释放热量；而在两极地区，宽度同样为100英里的阳光，则要照在比自身大两倍的地面和冰层上，所以，两极地区得到的热量就会减少一半——这就如同用一个只够6个房间用的火炉为12个房间供暖一样，结果必定是以失败告终，无法保证所有的房间都保持舒适、怡人的温度。

实际上，太阳身为人类的火炉，其工作更加复杂——它还必须要让地球四周的大气层保持恒温。不过，太阳本身是无法直接将这项保温工作完成的，所以，它还需要借助地球之手间接地完成此项工作。

阳光要想照射到地球上，就一定要穿过大气层。阳光因为可以十分轻松、快速地穿过大气层，因此，几乎不会对地球的这块忠实的"防护毯"的温度产生影响。然后，阳光照射到地球上，这些热量被地球先储存起来，再慢慢地将一部分热量反射到大气层中。

这一事实正好可以说明山顶特别冷的原因。我们所处的地方越高，得到的地表热量就越少。若（还是像从前那样假设）太阳直接为大气层加热，大气层再为地球加热，那么，就会出现绝对相反的情况，山顶也不再是白雪皑皑了。

现在，我们再看一看此问题最难的部分。空气并非我们一般理解的"空"字的意思。它是由众多物质组成的，而且有重量。所以，相比上层的空气，下层的空气要承受更多、更大的压力。

当你打算将一片叶子或者一朵花压平时，你会把它夹进一本书里，然后，将20本书摞在这本书上——你清楚，承受压力最大的是最下面的那本书。同样，人类承受的压力超出了所有人的猜测——人体每平方英寸可以承受15磅[①]的压力。

这就说明，若不是拥有如此幸运的环境（我们身体内外的压力恰好相等），那么，我们可能会被压扁。就算是这样，3000磅（相当于一个中等个儿的人所能承受的压力）也是一个让人惊讶的数字。

然而，大气层内部的气压也是不断变化的。我们获得这一事实是由伽利略的学生埃万杰利斯塔·托里拆利的发明。17世纪早期，托里拆利发明了气压计。因为这种举世闻名的气压计的存在，所以，无论白天还是晚上，只要有可能，我们就可以随时测量大气压。

托里拆利的气压计一经出现，就被人们用于科学实验。他们发现，海拔每升高900英尺，气压就会下降1英寸。随后人们又有了新的发现，从而为气象学的发展做出了很大的贡献。气象学是一门值得信赖的科学，主要是研究和预测大气现象。

某些物理学家和地理学家开始提出如下猜想：气压和盛行风的方向，或者反过来说，盛行风的方向和气压，是不是存在着某种必然的联系？

为了确立控制气流运动的确凿规律，人类首先必须花费几百年

---

① 磅，欧美重量单位，1磅约合453.59克。

的时间搜集资料和数据，然后从中获得一些明确的结论。在完成这一切之后，人们就发现，地球上有些地区的气压比海平面平均气压高，有些地区的气压比海平面平均气压低。我们把气压高的地区称为高气压区，把气压低的地区称为低气压区。

其次，我们还会发现，风始终是由高压区向低压区吹；而高压区和低压区的气压差决定了风的强度和速度。若高压区气压太高，低压区气压过低，那么，暴风、龙卷风或飓风等异常强劲的风就会出现。

风一方面让我们所居住的地球保持良好的空气流通，一方面在降雨过程中发挥着相当重要的作用。如果没有雨水，动植物就无法正常生长。

雨，仅仅是海洋、内陆湖和内陆雪原的水受热蒸发，在空气中形成的水蒸气而已。因为热空气携带的水蒸气多于冷空气，因此，它可以轻松地在空气变冷之前带走更多的水蒸气。当热空气变成冷空气时，它所携带的一部分水蒸气会遇冷凝结，于是就形成雨、雪或冰雹，并降落在地表。

因此，一个地区的风绝对可以决定一个地区的降水量。若沿海地区和内陆之间遍布群山（这是十分常见的现象），那么，沿海地区就会相当湿润。由于风进入高海拔地区（这一地区的气压会低一些）就会不得不上升，于是，海拔越高气温就越低，最终，风所携带的水蒸气就会变成雨和雪，随后降落于地表；而当风越过山脉出现在另一侧时，它已经丧失了所有的水分，仅余一股干风了。

由于热带地区地面的热量大，导致空气上升速度相当快，遇冷后，只好将大量的水蒸气释放出来，水蒸气凝结成雨后返回地面，所以热带地区降雨频繁且水量大。不过，太阳并非始终直射赤道，而是在赤道南北两侧移动，因此，大部分赤道地区也会划分为四季，其中两个季节会是暴雨频频，另外两个季节则是干旱少雨。

那些常年被寒冷地区吹向温暖地区的气流所控制的地区的气候是最糟糕的。原因在于风由从寒冷地区吹向温暖地区时，吸收水蒸气的力量会越来越强，因为无法遇冷释放其所携带的水蒸气，这就造成了地球上众多地区甚至 10 年都不下一场雨，为此，这些地区大部分成为沙漠。

让我们将风和雨暂时讨论到此。在后面具体讲到每个国家的情况时，我会再进一步地详细介绍。

现在，我要对地球自身的状况和我们脚下这层覆盖着坚硬岩石的地壳加以简单的介绍。

现在，存在着非常多的与地球内部结构相关的理论，不过，对于这一问题，我们的认识还比较模糊。

让我们实事求是地说吧。我们是否去过很高的上空？我们又是否到过很深的地底？

假如将世界上最高的山峰——珠穆朗玛峰放在一个直径为 3 英尺的地球仪上，那它就好像一张薄纸；而位于菲律宾群岛以东海洋最深处的海沟，在这张纸上也不过像一枚邮票上的齿孔一般大小。

当然，人类从未到过海洋最深处，倒是有人已登上了世界最高峰。然而，我们乘坐的热气球和飞机升入空中的高度也仅仅高过喜马拉雅山一点儿。就算把该说的都说了，把该做的也都做了，瑞士教授皮卡德和其他人在最近一次飞行之后，依旧发现，人类尚未对 29/30 的大气层进行探索。至于我们所涉足的海洋面积，还不到太平洋深度的 1/40。

要知道，海洋最深处的深度远超最高的高峰。为什么会是这样呢？我们没办法知道。不过，如果我们在海洋的最深处放入珠穆朗玛峰，那么，其峰顶和海平面还差几千英尺呢。

就我们今天所掌握的知识来说，我们对地壳的起源及其以后的变迁一无所知。我们也无法（像我们的祖先那样幼稚地希望）从火山里面获知地球的内部结构——我们已经认识到，火山并不是那些一度被认为是地球内部的滚热物质的出口。假如我的比喻不会让人感到特别反感，那么，我宁愿用地球表面的脓包来比喻火山，意即它虽然疼痛、溃烂，却仅仅是局部的小问题，而并非病入膏肓。

现在，地球上大概存在着320座活火山。而之前，世界上有400座火山曾是活火山，只不过，现在有些活火山已经变成了普通的山峰。

这些火山绝大部分位于海岸附近。没错，日本作为一个岛国，是地壳活动最频繁的地区。根据地震监测仪显示，日本平均每天会发生4次轻微的火山震动，每年发生1447次地震。近年来，马提尼克和喀拉喀托也成为火山爆发损失惨重之处，而它们也都是岛屿地带。

因为火山和海洋相距很近，所以，人们相当自然地如此解释火山爆发现象：海水浸入地球内部，把这个"巨型锅炉"引爆了，熔岩、蒸汽等物质喷薄而出，最终造成骇人听闻的灾难。不过，后来人们发现，有数座十分活跃的火山和海洋相距数百英里，所以，上面的解释就讲不通了。

两百年以后，你或许可以找到这个问题的答案，不过此时此刻，我们唯一能做的就是摇着头，无数次地重复道："我们真的不知道。"

与此同时，你明白地球表面本身是什么吗？我们经常说，岩石是永远不会改变的，认为它们不会因时间的流逝而变化。可是，现代科学则对此持怀疑态度，于是，岩石被其看作有生命的东西，所以也在不断地变化着。它承受着雨的冲刷，风的侵蚀。最终，高山在风雨的共同作用下，以每1000年3英寸的速度在变低。

假如不存在反作用力抵消这些侵蚀，那么，地球上所有历经沧桑的高山都会消失了，就算是喜马拉雅山也会变成平地，而时间仅需116, 000, 000年。然而，这种反作用力的确大量存在着。

为了大概了解周围发生的一切，我们可以将半打干净的手帕拿出来，逐条平整地叠放在一起，然后，用手将这些手帕慢慢地从两侧往中间挤压。这时，你会发现，众多千奇百怪的褶皱会出现在这些手帕上，或凸出来，或凹进去，或像地球外壳上的山峰、低谷和丘陵一样重叠着。

与之相似，地壳是一个庞大组织的一部分，这个组织在浩瀚宇宙中高速运转，并且不断散失着热量。就像任何事物那样，地壳在冷却的同时也在慢慢收缩。这样说，你大概能明白，一个物体在收缩的同时，奇怪的褶皱会不断出现在其表面，如同那堆被挤在一起的手帕一样。

目前，我们由最权威的猜测（切记，这仅仅是一个猜测）获知，地球自从成为一颗独立的行星以来，其直径已经缩小了约30英里。假如将30英里当作一条直线，你会觉得没有多长。不过，请记住，我们谈论的是一个巨大的曲面。地球的表面积是196, 950, 000平方英里。假如地球的直径猛地发生变化，就算是几码①，也足以引发一场毁灭全人类的巨大灾难。

所以，大自然一直在缓慢地创造着奇迹。无论做什么，它都一直要确保万事万物间适度的平衡。假如它想让某个湖泊干涸的话（美国犹他州的大盐湖正在快速地干枯，瑞士的康斯坦丁湖会于100, 000年后消失），那么，它就会在另一个地方将一个新的湖泊开辟出来；假如它想让某个山脉消失（欧洲中部的阿尔卑斯山会在60, 000, 000年后变成如同美洲大平原那样平坦），它会在地壳的某个角

---

① 码，长度单位，1码约合91.44厘米。

落缓慢地创造，让那里隆起成一座新的山脉。

不管怎样，我们对这一切都深信不疑，不过，这一过程的确非常缓慢，以至于我们难以细致而具体地对这种变化进行观察。

通常的规律是这样的，不过也存在着例外，因为大自然本身就是一个慢性子。然而，在人类的帮助和鼓动下，有时，改变也会快到令人心惊胆战的程度。自人类迈入文明时代，由于炸药和蒸汽机的发明，地球表面变化的速度更快了，以至于如果曾祖父、曾祖母来我们这里度假，他们甚至都认不出自己从前的牧场和花园。因为我们对木材的贪婪和对地表植被的无情摧残，覆盖山脉的森林和灌木大量被砍伐，成片的土地变成了原始的荒野。

然而，森林一旦消失，多年来被牢牢地固定在岩石表面的肥沃土壤就会被雨水冲刷得一干二净，而附近地区因为光秃秃的山峰而受到巨大的威胁。失去了草皮和树根的缓冲，雨水会汹涌地由山顶直泄而下，进而形成湍流和洪水，冲向山谷和平原，将沿途的一切都摧毁殆尽。

不幸的是，这并非危言耸听。我们无须追溯冰川时期的情况，那时，不知什么原因，厚厚的冰雪就将整个北欧和北美大陆覆盖了，危险的冰沟雪壑遍布在每座山脉。我们仅需回想一下罗马帝国时代，去看看那些一流的开拓者（他们正是古代的实践者），在他们还未曾繁衍到第五代人时，亚平宁半岛原先怡人的气候就彻底改变了——可以保持意大利原本的生态平衡的所有条件，全都被人破坏了。

西班牙人将南美洲的崇山峻岭间的肥沃梯田全都破坏掉，而它们是勤劳的印第安人祖祖辈辈开垦出来的。这些全是事实，而且，就发生在距今天很近的过去，因此，无须再做进一步的说明了。

当然，饥饿是剥夺土著人的生计，让其俯首称臣的最简单的方法，就如同美国政府将水牛杀光，从而让勇猛强悍的斗士不得不成为肮脏、懒惰的保留地居民一样。然而，施政者同样会因为这些凶残、愚蠢的手段受到惩罚，这一结果是任何一个熟悉美国大平原和安第斯山脉情况的人都会告诉你的。

幸运的是，执政者因为这几个实际问题而了解到应用地理学的重要性。现在，肆无忌惮地破坏土地（人类赖以生存的基础）的行为，再不会被任何一个政府容忍。尽管我们无法控制地球表面发生的自然变化，不过，在某种程度上，我们可以通过掌控大量的细微变化，对局部地区的降水量进行调整，从而防止肥沃的土地变成沙漠。

也许我们对地球的内部一无所知，不过，我们对其表层至少可以称得上十分了解。每天，我们都会得到关于它的新认识，假以时日，我们一定会知道，到底该如何明智地利用这些实用的知识，为人类创造更多的福利。

然而，我不得不遗憾地说，地球的大部分（大洋、大海的那部分）地区，我们目前还难以控制。地球表面大概3/4的地方属于不适合人类居住的地方——深浅不一的水覆盖着这些地区。其中最浅的地方仅有几英尺（靠近海岸之处），可是，位于菲律宾群岛东北部著名的马里亚纳海沟，其深度达到了3.5万英尺。

覆盖地表的这层水域可以简单地划分为三部分。太平洋是其中最重要的部分，面积达6850万平方英里。而大西洋和印度洋的面积分别为4100万平方英里、2900万平方英里。除此之外，内陆海的面积是200万平方英里，湖泊和河流的总面积约100万平方英里。

无论过去还是现在，甚至将来，人类若想居住在所有这些被水覆盖的地方，前提是我们要如同数百万年前的祖先那样长出鳃。要知道，就算是到了现在，我们出生时还保留着那种印记呢。

浩瀚无垠的海洋给人的第一印象，或许就是它浪费了大量的肥沃土地，为此，让我们对地球先天具有如此多的水而感到遗憾。这是由于我们知道，地球上有着500万平方英里的沙漠，有着1900万平方英里类似于西伯利亚那样的没有太多利用价值的荒原。

此外，还有数百万平方英里的无人区——这些地方或是海拔太高（比如喜马拉雅山和阿尔卑斯山），或是温度太低（比如两极地区），或是湿度太大（比如南美洲的沼泽），或是处于密林覆盖之下（比如非洲中部的丛林）。所以，这些都一定要从5751万平方英里被视为"陆地"总面积的土地中减去。为此，人们感叹道：假如我们可以多几平方英里的土地，我们必定会加倍珍惜、充分利用。

可是，假如不存在海洋这一浩瀚无垠的蓄热池，人类能不能生存下来都是一个特别让人怀疑的问题。我们由史前时代的遗迹得到了确定无疑的结论，曾经有一些时期，地球上的陆地面积远比现在大，而海洋的面积则要小得多，不过，那时的整个地球异常寒冷。现在，陆地和海洋的面积之比为1∶4，这是一个非常理想的比例。我们要是能将这一比例继续维持下去，那么，当前的气候也可以永久地持续下去，我们都会生活得相当好。

将整个地球覆盖的浩瀚海洋（从这一方面来看，古人的猜想没错）和坚硬的地壳都在不停地运动着。月球和太阳利用各自的引力将海水牵引着，使之达到一定的高度。白天，一部分升高的海水因为太阳光的热量而蒸发，形成水蒸气。当这些水蒸气流经寒冷的极地时，寒冰将其覆盖。可是，从实用的观点来看，因为气流（或者说风）可以对海洋产生影响，所以，它们成为直接影响人类生活的重要因素。

你要是长时间地向盘子里的汤吹气，就会发现，汤流向了你吹气的方向。相同的道理，当海面被一股气流长年累月地吹动时，海水就会向着这股气流吹去的方向"漂流"。当几股气流同时由不同的方向吹来时，这些"漂流"就会互相抵消。然而，当风向持续稳定时，比如来自赤道两侧的风，这些漂流就成了稳定的、货真价实的洋流了。

在人类的历史进程中，这些洋流发挥着相当重要的作用，它让某些地方成为人类宜居的乐土，不然的话，这些地方或许会像格陵兰岛冰冻的海岸那样寒冷、刺骨。

洋流图（许多洋流真的特别像河流）标注了洋流的具体分布位。你会发现，大量的洋流存在于太平洋。日本暖流（也叫蓝色盐洋流）是由一股由北向东吹来的信风形成的，是其中最重要的洋流，其重要程度和大西洋的墨西哥湾流一样。日本暖流在流出日本后，横穿北太平洋，为阿拉斯加带去了热量，从而让那里变得十分温暖，成为人类的宜居之地；然后，它又急转南下，将温和、舒爽的气候送给加利福尼亚州。

一提到洋流，墨西哥湾流通常最先被人想到。这条神奇的洋流有50英里宽、2000英尺深。千百年来，它为北欧输送了源源不断的墨西哥湾的热带暖流，将繁荣和富足送给英国、爱尔兰和所有北海沿岸的国家。

墨西哥湾流自身的经历也很有意思。它的源头是著名的北大西洋涡流，事实上，与其说北大西洋涡流是一种洋流，不如说是一种漂流，就如同一个巨大的漩涡在大西洋中部不停地旋转一样。一片差不多处于半凝滞的水域位于这个漩涡的中心，数以亿计的小鱼和浮游生物生长在这片水域里——这片水域在早期的航海史上发挥着极其关键的作用，被称作马尾藻海（或海藻海）。

一旦来自赤道北侧的东风（也就是信风）将船吹进马尾藻海，船就会失去方向。至少，中世纪的水手们绝对相信这一说法。船被吹到这里后，绵延数英里的坚韧海藻就会将其缠住，船上的所有人都会由于饥饿和干渴而慢慢死去——在无云的天空下，那些阴森恐怖的船骸静静地漂浮着，就如同一块块无声的警告牌，警示着那些胆敢亵渎上帝的人。

不过，哥伦布船队最终得以安全地驶过这片沉寂的水域后，证实了关于那里存在着绵延数英里坚韧的海藻的传说其实是过分被夸大了。然而，直到今天，对于很多人而言，马尾藻海还是一个神秘而恐怖的地方——这个地方听上去如同但丁描写的地狱，也似乎具有中世纪的神秘味道，不过，实际上，它并不比中央公园里的天鹅湖那么让人激动。

还是让我们重回墨西哥湾流这一话题吧。最终，一部分北大西洋涡流流入了加勒比海，并在这里和一条来自非洲沿岸向西流动的洋流汇合。这两条洋流和加勒比海本身的海水将加勒比海填得满满的。就像一个装满了水就快溢出来的杯子那样。于是，加勒比海中过多的海水流向了墨西哥湾。

当墨西哥湾也无法容纳如此多的海水时，它就将大股热流（约为26.7℃）从"水龙头"（佛罗里达和古巴之间的海峡）释放出去。这股被释放出去的热流就是墨西哥湾流。流出"水龙头"的这股热流（即墨西哥湾流）的行进速度是每小时5英里，因此，古代的航行者对其敬而远之——湾流会对船速造成严重的影响，因此，古时候的那些航船宁可选择绕道前行，也不想逆着墨西哥湾流航行。

墨西哥湾流由墨西哥湾出发，顺着美洲海岸一路北行，直到在东海岸受阻后，才开始穿越北大西洋。墨西哥湾流在纽芬兰大浅滩附近和拉布拉多寒流汇合。拉布拉多寒流直接来自格陵兰岛的冰山区，不但冰冷，而且不友好，相反，墨西哥湾流则既温暖又友善。如此两股强大的洋流汇合后，就会形成茫茫大雾，导致大西洋的这一区域获得了很坏的名声。

　　此外，这两条洋流汇合后还导致这一水域产生了大量的冰山。在过去的半个世纪里，这些冰山给航运造成可怕的影响。这些冰山原本是格陵兰岛上坚硬的冰川（冰川覆盖了巨大的格陵兰岛90%的部分），由于受到夏季阳光的照射而分隔开来，并慢慢地向南漂移，最后，被卷入墨西哥湾流和拉布拉多寒流汇合时形成的涡流中。

　　这些冰山在涡流中一面到处漂流，一面慢慢融化。然而，它们在融化的过程中，是异常危险的——人们通常只能看到那些露出水面的冰山的顶部，而看不到隐藏在水面下参差不齐的绝大部分冰山。这些看不见的冰山可以将航船的铁壳轻易地划破，就好似用刀切开黄油那样轻松。

　　现在，这片水域已经禁止航海，所有的航船禁止通行，而美国巡逻船（冰海特别巡逻队，各国共同承担其项费用）却经常在这里巡查，任务是将小冰山爆破掉，并向途经的航船发出冰山警报。

　　然而，这片水域特别吸引渔船——这一区域活动着大量来自北冰洋的鱼类。这些鱼类早已习惯于拉布拉多寒流的低温，却似乎不太习惯墨西哥湾流的温暖。正当这些鱼儿还在慢慢思考是重返北冰洋，还是穿过温暖的墨西哥湾流时，法国渔民的大网就将它们捕获了。

　　法国渔民的祖先是第一批踏上这块极具传奇色彩的美洲大浅滩的人，与其他人相比，要早数百年。加拿大海岸附近的圣皮埃尔岛和密克隆岛，不但是200年前占领北美大陆大部分土地的庞大的法兰西帝国最后的两个领地，还见证了诺曼底渔民的勇气。在诺曼底渔民到达这片海岸的150年后，哥伦布才诞生。

　　墨西哥湾流将所谓的冷墙（由墨西哥湾流和拉布拉多寒流汇合时产生的温差造成的）留在北方后，就淡定地穿过大西洋，以扇状散开后，向西欧沿岸流去。它先后到达西班牙、葡萄牙、法国、英国、爱尔兰、荷兰、比利时、丹麦和斯堪的纳维亚半岛，给这些国家送去更加温暖适宜的气候，否则，这些地方的气候会变得很糟糕。

这股神奇的洋流在完成这些"慈善使命"后，就携带着远超全球河流总水量的海水静悄悄地返回了北冰洋。这时，北冰洋发现，自己的容水量真的是太多了，因此，它必须将有些海水倾泻出去——如此形成了格陵兰洋流，而格陵兰洋流又顺理成章地导致了前文提到的拉布拉多寒流——这是一个多么波澜壮阔、激动人心的故事啊！

这个故事太吸引人了，以至于我特别想在这一章多说几句，但我知道我不能这么做。

这一章只是个背景介绍，是对气象学、海洋学、天文学的概况的介绍。在这些背景下，这出戏剧中的演员们会依次出场表演。

现在，让我们暂时将帷幕放下。

当幕布又一次被缓缓拉起时，新的一幕就会开始。

在新的一幕中，我们会看到，人类是怎样上演在崇山峻岭、浩瀚大海、茫茫沙漠中寻找生存之路的——只有一一解决掉横在人类面前的"拦路虎"，这个世界才会真正成为我们的永久家园。

幕布又一次升起来了——第二幕：地图和航海术。

第4章　地图

人类学会寻找自己的道路

我们已经习惯了使用地图，为此，我们甚至难以想象那段没有地图的时期人类是如何度过的。那时的人们并不清楚，要尽其最大的可能在出行时以地图为根据，就如同许多人现在也不明白要如何根据数学公式对宇宙进行测量一样。

古巴比伦人全是优秀的几何学家，他们曾对整个巴比伦王国的疆域展开一次实地勘测（时间是公元前3800年）。我们从他们留下的一些陶版上发现了绘有巴比伦王国疆域的大致轮廓图，但是，以我们现在的眼光来看，这些难以称得上是现代意义上的地图。

古埃及统治者为了从辛苦劳作的平民身上榨取更多的血汗钱，也曾对国土进行勘测。这说明，古埃及人已经掌握了大量的数学知识，因此，足以完成这项困难重重的任务。可是，迄今为止，我们还没有在古埃及法老的陵墓里发现任何具有现代意义的地图。

古希腊人是古代世界最具好奇心和求知欲的人类之一。他们曾撰写了大量与地理学相关的著作，但对他们在地图方面的研究，我们却一点儿也不了解。众多古希腊繁荣的商业中心都有刻在铜牌上的航线图，其上标示着商人们由东地中海到其他地方的最佳路线。

然而，至今人们也没能发现这样的铜牌，因此，我们不清楚它们是什么样的。亚历山大大帝征服过相当广阔的领土，其面积远远超过了他之前的任何人——当然，后来的很多人也像他一样做到了。

我想，亚历山大大帝定然具有某种"地理意识"——他手下拥有一批专业的"步测者"，这是一群具有特殊才能的人。每逢行军时，他们行进在军队的最前面，将马其顿人孜孜不倦地寻找印度黄金的路线和距离不断地、准确地报告给他。不过，在我们看来，常规的地图并非一段遗迹或一块残片，更不是一条线。

古罗马人无论打到哪里都会修路，可以说是打到哪里，就住到哪里，修到哪里。而他们这样做的目的就是了敛财（他们是"系统的掠夺者"，组织相当完善，正是他们的强盗行为，才开启了近代欧洲殖民统治的序幕）。为此，他们所到之处，不仅大肆杀戮，而且强制征税，以致罗马人所到之处，仅余神庙和游泳池的废墟。可以说，对罗马人来说，一张真正的地图似乎是不必要的，因为他们凭着武力就足以维持一个庞大的帝国。

当然，古罗马的作家和演说家的确经常谈到他们的地图，而且，还信誓旦旦地声称这些地图相当精确和可靠。可是，仅存的一张古罗马地图（得将公元2世纪那张小小的、没有任何价值的古罗马规划图排除在外）看上去却非常简单，粗糙得可以。所以，在现代人看来，它除了能当作古董被收藏以外，实在没什么实际价值。

以康拉德·坡廷格尔命名的坡廷格尔古地图，是历史学家都知道的一幅著名的地图。坡廷格尔本人是奥格斯堡市一个小镇的公务员，也是首个想到利用约翰·谷登堡①新发明的印刷机来大批量印行这幅古罗马地图的人。不幸的是，坡廷格尔找不到可以用来印刷的地图原件。他所用的底稿，是一张13世纪的复制品，而这个复制品的样本，就是一张3世纪的地图。然而，经过1000年的时间，老鼠和蛀虫已将地图上许多重要的细节破坏得不成样子了。

就算是这样，这幅古罗马地图的大致轮廓也一定和原件相同。假如这幅3世纪的地图真的体现了罗马人最杰出的绘制水平的话，那么，他们就远不像自己吹嘘的那样聪明！

假如你有足够的耐心进行观察和研究，你就会发现，古罗马地理学家的水平有些低。然而，对于一位想进军英格兰或黑海的古罗马将军来说，最好的"路线指南"，就是这幅如同意大利面条一般的

① 约翰·谷登堡（Johannes Gutenberg，约1398—1468），德国发明家，他是西方活字印刷术的发明人。

"世界"地图。

从这一点来看，就会明白，当今的文明取得了多么巨大的进步。

至于中世纪的地图，我们完全可以将之彻底忽视。教会对于任何"无用的科学探索"均持反对态度。在他们看来，通往天堂的道路远，比从莱茵河河口到多瑙河河口间的捷径重要得多。于是，地图就成为可笑的图画，它的上面画满了无头的怪兽——这一荒诞的形象来源于因纽特人（旧称爱斯基摩人。北极地区的土著人，主要分布在北美洲沿北极圈一带地区，另有一小部分居住在俄罗斯东北部，主要以捕鱼和猎取海兽为生），因为他们经常将头缩到毛皮大衣里。

打响鼻的独角兽、喷水的鲸鱼、鹰头马身翼兽、海妖、美人鱼、半狮半鹫的怪兽，以及所有在恐惧和迷信的基础上想象出来的怪物，都可能出现在地图上。于是，耶路撒冷顺理成章地成了世界的中心，印度和西班牙则处于无人可以到达的世界尽头，苏格兰则成为一个孤岛，巴别塔①相当于整个巴黎的10倍大。

与那些中世纪绘图者绘制的作品相比，波利尼西亚人的编织地图（它们看上去很像幼童的作品，不过更精确、实用），可以称之为航海家天才的杰作。我们暂且将同时代阿拉伯人和中国人创造的成果放在一边，由于在基督徒眼里，他们是与自己完全不同的异教徒。直到15世纪末，当航海学最终发展成一门科学后，地图的绘制才获得了实质性的进步。

那时，连接欧洲和亚洲的桥头堡君士坦丁堡被奥斯曼土耳其人征服了，于是，在相当长的时间里，欧洲通往东方的陆路交通受阻，

---

① 又名通天塔、巴比伦塔，《圣经·旧约·创世记》中所记载的巴比伦人兴建的通往天堂的高塔。

　　为此，人们迫切地想找到一条通往印度的海上通道。这就意味着，从前那种不靠谱的航行方式宣告结束了。人们必须学会在几周的时间里，仅靠观察无边无际的海洋找到航行的方向——当时，航海技术正是在这种需要的推动下，获得了长足的进步。

　　古埃及人最远到达了古希腊的克里特岛。他们对于这个大岛的访问之旅，俨然如一次被风吹离了航道后的偶遇，而非一次计划周详的航海探险。尽管腓尼基人和古希腊人也曾做过几件惊天动地的大事，例如，他们曾冒险航行到刚果河和锡利群岛。但在航行时，他们还是会尽可能地沿着海岸线前行，到了夜晚，则要把船拉上岸，避免风将其吹到远海。至于中世纪的商人，去北海、地中海或波罗的海均为固定航线，而且，他们一定会在目力所及的范围内小心翼翼地航行。

　　如果这些商人发现自己在大海中迷失了方向，他们唯一可以做的，就是找到与自己相距最近的陆地。正是由于这个原因，他们总会随身带着几只鸽子。因为他们知道，鸽子能够敏锐地发现最短的路线，飞到离自己最近的陆地上。所以，当他们不清楚如何选择航行的方向时，他们就会将一只鸽子放出去，观察其飞行的路线。然后，他们就沿着鸽子飞行的大致方向航行，直到看到山顶，找到最近的港口时，将船停下来，然后去打听自己到底身在何方。

　　当然，在中世纪，对于星座的知识，就算是普通人也比现在的人更为熟悉——那时的人缺乏各种各样的信息，而今天的我们则拥有各种精确的年历、日历。所以，那时，经验老到的船长能借助对星星的研究，根据北极星或者其他星座来判定自己的航线。

　　然而，在北方，海上常常会出现多云的天气，这时，星星就失去了作用。假若13世纪初那项来自异域的发明未曾传入欧洲，那么，欧洲的航海业会继续保持一种代价高昂且痛苦不堪、既靠上帝又靠猜测（大部分是后者）的旅行方式。

13世纪初，一个伟大的蒙古人——成吉思汗开创了当时世界上疆域最大的帝国（从黄海到波罗的海，直到1480年，他的后代还维持着对俄罗斯的统治）。当蒙古大军跨越亚洲中部的茫茫沙漠去征伐欧洲时，他们似乎就随身带着一种类似指南针的东西。

不过，我们难以断定，那是否就是被地中海的水手最先应用、被教会称之为"撒旦亵渎上帝的发明"的东西。后来，地中海的水手正是借助于指南针的指引，开始远航闯荡世界。

所有这类极具世界意义的重大发明，好像都有着模糊不清的来源。从雅法①或法马古斯塔②回来的某个人，或许会随身带回一个指南针，不过他是得自于波斯商人，而波斯商人则告诉他，自己是从某个刚从印度回来的人那儿购得的……这类传言在极短的时间里就从港口的小酒馆传了出去，引得其他人争相目睹这一据说被撒旦施了魔法的巧妙的小指针——不管你身在何方，你都能从它那里知道，哪个方向是北方。

当然，他们并不相信这是真的，但无论如何，他们都会托朋友下次从东方回来时也为自己带回一个指南针。他们甚至会提前将购买指南针的钱交给这个人。随即，半年后，这些人都拥有了自己的指南针。结果，他们发现，撒旦的魔法的确有用啊！从此以后，每个人都有一个必备品，那就是指南针。为此，大马士革和士麦那③的商人们接到了更多加急购买指南针的订单。

于是，指南针成为威尼斯和热拉亚的仪器制造商的仿造对象。各种关于指南针的消息好像在一夜之间传遍了欧洲的每个角落。几

---

① 雅法（Jaffa），以色列西部古老的海港城市。

② 法马古斯塔（Famagusta），塞浦路斯东岸城市。

③ 士麦那（Smyrna），土耳其西部的一座港口城市，古代欧亚大陆的贸易中心。

年时间，人们就习惯于携带这种带有玻璃盖的金属盒，甚至认为它的存在是天经地义的事情，且无须为它的来源著书立说。

关于指南针的来源，我就说到这里，还是让它继续保持着神秘的特征吧。但是，就指南针本身而言，自从这个灵敏的小玩意儿帮助威尼斯商人经直布罗陀海峡到达尼罗河三角洲以来，让我们加深了对它的认识。

例如，我们发现，指南针的指针仅在地球上少数几个地方指向正北，在其他地方，其指针时而略微偏东，时而略微偏西。这就是被专业人士称之为"磁差"的现象。导致这一现象的原因，是由于南北磁极和地球的南北极相差几百英里的距离。

1831年，詹姆斯·罗斯[1]爵士第一个确定了北磁极的位置——加拿大北部的布西亚半岛；而南磁极的位置在南纬73°、东经156°的交点上（1909年1月16日，英国探险家欧内斯特·沙克尔顿发现了南磁极。南磁极的位置并不固定，这里的数据是房龙生活时代的数据）。

这样一来，对一个船长来说，只拥有指南针是不够的，他还需标注有世界各地不同磁差的航海地图。于是，我们就不得不提到航海学。

航海学是一门相当深奥难懂的科学，绝不是用几句话就可以说明白的。而且，这本书并非航海手册。就眼下这本书的目的来说，你所要记住的就是以下内容：指南针传入欧洲的时间是在13或14世纪，它在促使航海学发展为一门可靠科学的过程中发挥了巨大的作用，依靠它，智力平常的普通人可以摆脱在航海过程中的种种猜测，

---

[1] 詹姆斯·罗斯（James Clark Boss，1800—1862），英国探险家、航海家。他发现了地磁北极和南极的罗斯海区域。

以及各种各样的复杂计算。

不过，这只是一个开始。

现在，人们可以极其轻松地判定自己的航向，是北、北偏东、北偏东北、东北偏北、东北、东北偏东，或者是指南针所指示的32个"大概方向"中的任意一个。而中世纪的船长则还需要在另外两种工具的帮助下，才能辨别自己所处的茫茫大海中的方位。

测深绳是第一种工具。它拥有和船差不多久远的历史，它可以让人们将大海中任意一点的深度测量出来。如果一个船长持有一幅标有不同海深的航海图，并按照航海图的指示匀速前行，那么，他就可以利用测深绳将附近海域的情况测量出来，从而帮助自己确定方位。

测速仪是另外一种工具。最原始的测速仪其实就是一小块木头，它被人从船头扔进水中，然后，人们对其进行仔细观察，确定它出现在船尾的时长。由于船身的长度已知，如此一来，就能将船经过某个地方时所需的时间计算出来，同时，也能将船每小时航行的里程数计算出来。

后来，绳子慢慢替代了作为测速仪的小木块。这种绳子又细又长，而且还非常结实耐用，一块三角形的木板绑在其末端。绳子会事先按照一定的长度打上一个个绳结，每两个绳结之间的距离，叫作"一节"。

一个水手将绳子扔进水中的同时，另一个水手就会将沙漏打开。等沙子漏完时（当然，这个人要提前弄清沙子漏完所需的时间），就可以将绳子拖上来，然后清点在沙漏漏完时有多少节进了水。最后，靠简单的计算，就能弄明白船只航行的速度了，或者用水手习惯的说法，就是多少节。

但是，就算船长清楚船只航行的速度和大致方向，不期而至的风、潮汐、洋流也会将他那极为精确的计算打乱。所以，就算是在航行中使用指南针，在很长的一段时间里，一次普通的海上航行还是可以称之为"世界上最危险的事情"。那些航海理论研究者意识到，假如想转变这种状况，就一定要找到可以替代教堂尖顶的东西。

我这么说绝非开玩笑。在航海史上，教堂的尖顶、山丘上的树木、堤坝上的风车和看门狗的叫声都起到了十分重要的作用——它们是固定的，无论发生怎样的事情，它们也不会变换位置。因为存在这样的一个"固定点"，水手就可以将自己的位置推算出来。当他回想起上次曾路过这里时的景象，他就会告诉自己，"我一定要继续向东航行"或"继续向西航行，直到我要抵达那个地方"。

当时的数学家（他们都很聪明，尽管他们掌握的信息极其匮乏，所用的仪器也不精良，他们还是在数学领域取得了举世瞩目的成就）十分明白问题的关键所在——他们一定要找到一个自然的"固定点"，从而取代种种人造的"固定点"。

在哥伦布（1492年）横渡大西洋之前，在13世纪左右，数学家就开始了这一寻找的历程，直到今天，这项工作还未曾结束。现在，科学家们研制出了无线报时系统、水下通信系统和机械掌舵装置，这些"铁家伙"差不多将老舵手的工作完全给接替了。

如果你站在一座高塔下，它建在巨型圆球上，塔顶悬挂着一面旗帜。只要你站在这个地方一动不动，那么，旗帜就会始终位于你的头顶正上方。假如你离开自己所站的位置，那么，你再看那面旗帜的时候就一定要仰视，而仰视的角度大小是由你距离高塔的远近决定的。

一旦将这个"固定点"找到，余下的问题就变得简单多了——这仅仅是一个角度问题而已。古希腊人极其擅长计算角度——他们替这门研究三角形边角关系的三角学打下了坚实的基础。

事实上，我们因为这一问题而进入这一章——也是这本书最难的部分——对经度和纬度的研究。

与确定经度的正确方法相比，确定纬度的正确方法要早数百年。与纬度相比，经度（现在我们已经知道怎样确定了）看起来要简单得多，不过，它却给我们还未发明钟表的祖先带去了难以克服的困难。纬度仅仅需要仔细观察、认真计算就可以确定下来，这也是它被我们的先人较早确定下来的原因。

现在，我们已经了解很多基本概况。接下来，我会简要地将这一难点加以讲解。

你会在下面这幅插图中看到很多平面和角。当你站在 D 点时，你会发现，自己恰好位于高塔的正下方，就如同正午 12 点时你正好位于赤道上，太阳垂直照在你的头顶上一样。当你走到 E 点时，事情就变得不简单了。你所站立的这个世界是圆的，可是假如想计算角度，你就需要画一张平面图。

假设以 A 点为地球的中心点，从这一点出发画一条直线，使之将你的身体穿过，直达你身体正上方的一个点，这个点被我们称为天顶。这是天文学领域的专业术语，天顶就是位于观察者正上方的一点，而天底就是位于观察者正下方的一点。

因为这一问题非常复杂，为了让你能更好地加以理解，我们来做一个实验。

在苹果的中心用一根毛线针直接穿过，想象你正背靠毛线针坐在苹果上。天顶就是毛线针的上端，天底就是毛线针的下端。然后再想象一个和你坐着或站着的地方及毛线针成直角的平面。如果你站在 E 点，那么这一平面就可以称为 $FGKH$，你观察的这个平面上的一条直线就是 BC。

为方便和更简单，接下来请你再想象自己的双眼在你双脚的位置上，那么 BC 即是你进行观察的平面上的一条直线。然后，你将头抬起，看塔顶上的旗杆顶端，将旗杆顶端 L 和你所站点 E 这两点的连线与直线 BC 之间的角度计算出来。直线 BC 即为想象的平面 $FGKH$ 的一部分，而这一平面和假设的将地球中心与你正上方的天顶连接起来的直线成直角。

你只要掌握了一些三角形知识，就会从这个角算出自己和高塔之间的距离。假如你又走到了 W 点，那么，将上面的计算过程重复进行一次就可以了。W 点即你在假设的 MN 线上所站的地点，而 MN 线即为我们想象的平面 $OPRO$ 的一部分，这一平面和连接地球中心 A 和新天顶 I（天顶的位置一直在随着观察者的位置而发生改变）的那条线成直角。只需将 $\angle LWM$ 的角度计算出来，那么，你就可以知道自己与高塔相距多远了。

你瞧，即便是用最简单的方法来加以解释，这个问题还是显得那么复杂。所以，在这里，我只能简要地将现代航海学的基础理论讲解一下。假如你的志向是做一名船员，你就需要到一所专门的学校，付出几年时间去学习那些必要的计算。此外，你还要经过二三十年的航海实践，去熟悉各种航海仪器、表格和海图，且能将之熟练地加以运用，如此一来，你才有资格成为船长，才能获得乘客的信任，才能载着乘客四处航行。

如果你缺少这种雄心壮志，那么，你就不需要掌握这些知识。所以，我只要略微讲一下大致内容就可以了。

由于航海学涉及大量的角度计算，因此，直到欧洲人再次重视起三角学研究，航海学才真正有了发展。尽管古希腊人早在3000年前就为三角学奠定了基础，但在古埃及亚历山大城的著名地理学家托勒密去世后，人们就将三角学看作费时费力且不讨好的学科，渐渐将它抛诸脑后了。

然而，这样的偏见并不存在于古印度人和后来的北非、西班牙的阿拉伯人中，他们不仅将这份古希腊人抛弃的遗产继承了下来，而且还使之发扬光大。大约在13世纪，三角学又一次被列入了欧洲的学校课程，而来源于阿拉伯语的"天顶"和"天底"这两个专业术语，则有力地证明了——这是一项源于伊斯兰教而非基督教的文化遗产。

在随后的300年里，欧洲人将浪费的时间弥补回来了。尽管他们已经可以对三角学和角度进行计算，但他们也明白，自己正面临着另外一个难题——如何寻找到一个远离陆地的固定点。

北极星成为人们的首选，因为它是最可靠的。它与我们相距相当遥远，因而看上去似乎永远不会移动；除此之外，它的位置特别容易辨认，即便是最笨的渔夫也可以在看不到陆地的地方发现它——只要在北斗星右边最外侧的两颗星之间画一条直线，就一定可以找到北极星。

当然，太阳也是相对固定不动的。但是，那时的人类还不清楚它的确切运行轨迹，所以，只有最有经验的航海者才可以在太阳的帮助下辨别方向。

一旦人们被迫相信地球是平的，那么，任何计算结果都必然和客观实际发生冲突。16世纪初，地理学家们开始怀疑这种观点。不久，"平盘论"被"圆球论"取代，他们最终摆脱了宗教观念的束缚，开始大显身手。

他们做的第一件事情，就是根据和连接南北极的直线相垂直的平面，将地球平均分为两半——这一分界线就是赤道，而位于赤道上所有的点，距离南北极的长度都是一样的。

然后，他们又将赤道和极点之间的距离平均分成90份。这90条平行线（切记是圈线，因为地球是球体）分布于赤道和极点之间，每条线之间的距离是69英里，也就是赤道和极点之间假设距离的1/90。

地理学家将这些圆圈一一标上数字，由赤道开始，从上或从下直到极点，赤道和极地分别是0°和90°。这些圈线就是纬线（你可以在下图的帮助下记住纬线），并且，将一个小圆圈放在数字右上角，代表"度"。

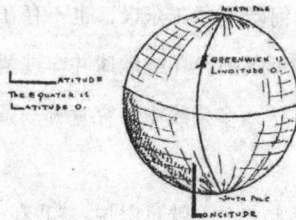

经度和纬度

对于那时的人们来说，所有这些都意味着巨大的进步。但是，虽然已经取得了一些科技进展，航海始终还是一件特别危险的事情。在所有船长都可以自如地计算纬度之前，一代又一代的数学家和航海学家们用尽毕生的精力收集有关太阳的种种数据，将太阳在地球各处每年、每天的准确位置记录下来。

最终，任何一个具有一定理解能力的水手，只要会读书、写字，就能在极短的时间内将自己距离北极或者赤道的距离确定下来，套用专业术语来说，就是位于北纬（赤道以北的纬度）多少度、南纬多少度上。

然而，假如他越过赤道向南半球航行，事情就变复杂了，原因是在南半球无法看到北极星，船只在大海上航行时，就无法凭借北极星的指引而顺利返航。直到16世纪末，科学家们才最终将这一问题解决了。从此以后，出海航行的人就再也无须为纬度问题而焦虑、担心了。

人类耗费了200多年的时间，才成功地解开了确定经度的难题（你应该能轻松地记住，因为经线和纬线是互相垂直的）。为了确定不同的纬度，数学家们是自南北两极这两个固定点开始计算工作的，他们会说："这里就是北极或南极，也就是'教堂的尖顶'，而且永远不会改变。"

可是，地球上为何既不存在东极，也不存在西极呢？这是地轴的运转造成的，人们可以画出环绕地球并穿过两个极点的无数条线（即子午线）。不过，这么多条线中，究竟哪一条才是将地球分成两半的本初子午线呢？

一旦将这条线确定，水手就可以说："我在子午线东面（西面）100英里的地方。"当时，许多人观念陈旧且不可动摇，他们坚持认为，地球的中心是耶路撒冷，所以，他们要求将穿过耶路撒冷的那条子午线作为本初子午线。

此外，世界各国都希望自己的首都可以被本初子午线穿过。就算是到了现在，人们的思想已经相当开放了，但我们依旧能在德国、法国和美国的地图上看到本初子午线依次穿过柏林、巴黎和华盛顿。

最后，因为英格兰在17世纪（也就是将经度问题最终解决的时候）对航海学的发展做出了巨大贡献，也由于当时所有的航海事务都处于英国皇家天文台（1675年建立，坐落在伦敦附近的格林尼治）的管理之下，人们就将把地球分为东西两半的本初子午线确定为穿过格林尼治的那条子午线。

这样一来，水手终于得到了经度的"教堂尖顶"了，不过，他们还要面对着另一个难题——驶入茫茫大海以后，如何知晓自己与格林尼治子午线以东或以西相距多少呢？为了将这个难题彻底地解决，1713年，英国政府专门成立了"海上经度确立委员会"。这个委员会设置了价值10万美元（译者注：美国当时尚未立国，按后来的汇率换算）的巨奖，用以征集最实用、最好的"确定远海经度"的方法。要知道，这在当时绝对称得上是一笔巨款，很多人为此绞尽脑汁、苦苦钻研。

直到19世纪上半叶，委员会已经将奖金提高到了50万美元，为的是奖励那些有价值的发明。

尽管历史已将太多人的努力湮没了，甚至他们的劳动成果也慢慢失去了价值，不过，直到今天，因巨额奖金的鼓励而做出的两项发明仍然发挥着巨大的作用，其中，六分仪就是第一项。

六分仪是一种小型的海上观测仪，可以放在胳膊下携带，特别轻便。这种仪器的结构十分复杂，可以让水手对任意角的距离进行测量。中世纪简陋的星盘、十字架，以及16世纪的象限仪都是其产生的基础。如同全世界都在同时寻找某样东西，这样东西却在各地同时出现一样，当时，有三个人都声称自己最先发明了六分仪，彼此争抢这份荣誉。

不同于航海界对六分仪发明的兴奋，人们对经纬仪的兴趣则要更强烈。在六分仪发明4年后（1735年），经纬仪，这种精确、可靠的测量装置面世了。它的发明者是约翰·哈里森，这个人是一个制表天才（他在做钟表前是一个木匠）。经纬仪计时相当精确，不管你将它带到世界的什么地方，无论当地的气候怎样，它都可以将格林尼治时间准确地报出。

后来，约翰·哈里森将一个名为"补偿弧"的零件添加到了经纬仪上——这个零件借助于调节平衡簧的长度来让自己适应由于气温变化而导致的膨胀或者收缩现象。此外，这种经纬仪还可以防水。

在经历了漫长而波折重重的讨价还价后，哈里森终于（时间是1773年，即距离他去世的前3年）拿到了10万美元的奖金。现在，无论一艘船想航行到什么地方，仅仅需要一个经纬仪，就可以随时了解格林尼治时间——太阳每隔24小时就会绕地球转一圈（虽然实际上太阳并非如此运转，为了方便起见，我还是采用了这种表述方式），那么，它每1小时走过的经度就是15°。所以，假如想弄清楚自己和本初子午线的距离，首先要将到达地的时间确定下来，然后将当地时间和格林尼治时间进行对比，进而可以算出距离。

打个比方，如果我们清楚（通过仔细的计算就可以得出，这是船上任何一名水手都可以做到的）航船到达地的时间是中午12点，而经纬仪显示的是午后2点（这是准确的格林尼治时间），同时还知道太阳每小时走过的经度为15°（即每4分钟走1°），而且，当地时间和格林尼治时间相差两个小时，那么，我们和格林尼治的距离即为 $2 \times 15° = 30°$。

如此一来，我们就可以将以下这句话写在木片上（也就是航海日志，在纸还不曾普及的时候，欧洲航海者一般是用粉笔将文字写在木片上）：某年某月某日正午，船航行到西经30°。

到了今天，出现在1735年的那个令人惊叹的发明已经不重要了。每天正午，格林尼治天文台都会将准确的时间向全世界播报。经纬仪在极短的时间内就成了没有实际作用的奢侈品。这一章的内容相当长。一开始，在未经勘测的茫茫大海上，大浪一个接一个地扑面而来，即便是最优秀的航海家也会在一瞬间无所适从、迷失方向，虽然时间很短，甚至短到来不及写完一句话。

然后，经历了无数人数百年在大海上艰难航行的勇气、毅力和智慧，时代发展到今天，曾经那个气宇轩昂的手持六分仪的人早已消失了。现在，船长会戴着耳机，在船舱里问："你好，楠塔基特岛（你好，瑟堡市），我现在的方位是？"然后，楠塔基特岛或瑟堡市的领航员就会将其所处的方位告诉他——瞧，这真是太简单了。

为了可以安全地、愉快地、有所收获地穿行于地球表面，人类已经努力了2000多年，而且，这些努力也已取得了一定的成效。

可以说，这些成果是人类历史上第一次国际合作的努力成果。在这一浩大的工作中，无数人做出了自己的贡献，这其中就包括中国人、阿拉伯人、印度人、腓尼基人、希腊人、英国人、荷兰人、西班牙人、葡萄牙人、意大利人、挪威人、瑞典人、丹麦人、德国人……

到此为止，人类合作史上特殊的一章就结束了。以后，还有许多其他内容，足够我们忙活一阵子了。

第5章　一年四季及其形成

"季节"一词源于拉丁语，是从动词"播种"引申而来的，因此，最初的意思应该只是指代春天，也就是"播种的季节"。可是，从中世纪初开始，"季节"就失去了原本用来单指春天的意义，一年的时间被春天和剩下的三个季节共同平均分成四季，另外三个季节分别是冬季、秋季、夏季。

四季除了影响人类生活和情感之外，还有着最平淡无奇的天文学背景——它们的产生是地球每年绕日公转的直接结果。我在这一章里，将会对这一主题进行简单的介绍。

地球每隔24小时就会围绕地轴自转一周，每隔365.25天就绕太阳公转一周。为了将这0.25天去掉，让日历更加完整（现在，各国是否同意运用修订好的合理时间还没有确定），每隔4年就有1年是366天（即闰年）。像900、1100、1300或1900这些以两个零结尾的年份都不是闰年，不过，可以被400整除的、结尾带两个零的年份例外。例如，公元1600年是闰年，2000年也是闰年。

地球绕日运转的公转轨道是椭圆形（而不是正圆形）的，并且，也不是一个标准的椭圆形。这就给人类研究地球在宇宙中的运行增加了许多复杂的因素，与研究正圆的运行轨道相比，这种椭圆形的轨道要复杂得多。

地轴和太阳与地球之间构成的平面是一个66.5°角，而不是一个直角。

地球在绕日公转的时候，其地轴一直保持着这一倾斜的角度，于是，就形成了世界各地季节交替变化的现象。

3月21日，地球和太阳所处的位置，让阳光恰好可以将地表的一半平均地照射到。所以，在这一天，世界各地昼夜长短相同。3个月后，地球绕日公转1/4的旅程结束后，北极就会向太阳靠近，而南极则开始远离太阳。结果，北极就开始了每年长达一半时间的白昼，而南极则进入了每年长达一半时间的黑夜；北半球的人开始尽享灿烂的阳光和日照时间很长的夏季，南半球的人则只能围坐在火炉旁看书，熬过昼短夜长的漫漫冬季。

当然，你还要记住，当我们在圣诞节滑冰时，阿根廷人和智利人却在忍受着酷暑的折磨；反之，当他们为了取暖要点燃炉火时，我们却备受夏日酷暑的煎熬。

季节更替中的另一个重要日子是 9 月 23 日，在这一天，世界各地又一次昼夜等长了。然后，到了 12 月 21 日这一天，南极恰好正对着太阳，北极则恰好背对着太阳。这时，北半球寒冷刺骨，南半球则温暖如春。

不过，四季更替的全部原因并非地轴独特的倾斜角和地球的自转。地球被地轴 66.5° 的倾斜角分为 5 个温度带。其中，热带就是赤道两侧，那里的地表接受着阳光的垂直或近乎垂直的照射。北温带和南温带处于热带和两极地区之间，那里的地表接受不到阳光的垂直照射，最后就是两极地区，那里接受阳光的角度更小。

单靠文字想将所有这一切解释清楚，实际上相当困难。所以，你不妨到天文馆看一看，如此一来，你就可以更快地理解这一切。然而，在少数一些大城市才有天文馆。所以，你可以用一个橙子或苹果、一根蜡烛和用来涂色的墨水解释给其他人听。当然，南北极权且可以用一根火柴来充当。

假如有一只苍蝇恰巧落在你自制的这个"地球"上，不要胡思乱想，你要告诉自己："假如——仅仅是假如——人类是这只苍蝇，毫无目标地在大橙子上爬行，而这个大橙子则被一根巨大的蜡烛照射着。那么，这两样东西仅仅是某个巨人午后消遣的小玩具而已！"

想象真的是一件好事。

第6章　地球上的陆地

有的陆地被称为大陆的原因是什么

　　我们每个人都居住在岛屿上。不同的是，有些岛屿的面积远远超过了其他岛屿，于是，我们决定对岛屿进行分类，将面积大的岛屿叫作"大陆"。所以，大陆所"包括"和"拥有"的陆地面积，要比英格兰岛、马达加斯加岛、曼哈顿岛这样的岛屿大得多。

　　可是，这种分类其实很不严格，也缺少统一的规定。作为地球上最大的连绵陆地，美洲、亚洲和非洲的面积巨大，所以，称其为"大陆"可谓名副其实。

　　在火星上的天文学家眼中，欧洲一定更像亚洲的一个半岛（或许比印度的面积大，不过也没大多少），不过它却坚持认为自己是大陆。假如有人敢声称澳洲这个岛屿太小，人口太少，根本不能称其为大陆，那么澳大利亚人一定会与之抗争。

　　与此相反的是格陵兰人，虽然他们的出生地格陵兰岛的面积是新几内亚岛和加里曼丹岛（世界上最大的两个岛屿）的总面积的2倍，不过，对于土生土长的因纽特人来说，他们却甘愿做普通人。

　　还有南极的企鹅，假如它们不是温和、谦卑的动物，那么，它们就会轻易地宣称自己是生活在大陆上的——南极地区的陆地面积远远大于北冰洋和地中海之间的任何一块陆地。

　　我不懂这些混乱是如何来的，不过，人们确实忽视地理学数百年了。在那段时间里，地理资料中记载着很多错误的观点，就如同依附在那些被遗弃在港口的船只底部的藤壶一样。经过漫长的岁月（欧洲大陆陷于愚昧无知之中将近1400年），藤壶不断生长，最终，被错误地当作船体的一部分。

　　我在这里并不是想添乱，而是要支持那些普遍承认的观点：数量上，地球上存在亚洲、美洲、非洲、欧洲和大洋洲等七个大陆。就面积而言，亚洲为欧洲的4.5倍，美洲为欧洲的4倍，非洲为欧洲的3倍，大洋洲则比欧洲小几十万平方英里。

　　首先，我们一起来看一看地图。事实上，我们应该少看文字，多看地图。如果打算学地理却不看地图，就如同想学音乐却无乐器，想学游泳却不下水一样。如果看了地图（当然，假如手中有一个地球仪那就更好了），你就会发现，欧洲半岛处于北冰洋、大西洋和地中海的包围中，恰好位于拥有陆地面积最多的北半球的中心位置。巧的是，被忽略的大洋洲恰好位于拥有最广大海洋面积的南半球的中心位置。

　　与欧洲相比，尽管亚洲几乎相当于欧洲的5倍大，不过，亚洲有1/4的区域气候炎热，不适宜人类居住；有1/4的区域与北极靠近，极度寒冷，只有驯鹿和北极熊生活在那里，人类对这一区域望而却步，没有人想去那里定居。

　　在气候上，欧洲更具优势——它拥有许多其他大陆所没有的优势。地图上，意大利的足尖部分（也就是欧洲的最南端），尽管气温有些高，不过和热带相距800英里远。瑞典北部和挪威尽管和北极圈离得很近，但是，它们的海岸恰好有墨西哥湾流经过，因而，得到了洋流带去的温暖，而位于同纬度的拉布拉多半岛，却是冰封万里的一片荒原。

　　此外，与其他大陆相比，欧洲拥有更多的半岛和内陆海。想一想西班牙、意大利、希腊、丹麦、斯堪的纳维亚半岛、北冰洋、北海、地中海、爱琴海、马尔马拉海、比斯开湾、黑海等，再用非洲和南美洲和它们相比，你就会发现，这些地方恰好是非洲和南美洲最缺少的。

　　这样一来，在欧洲，大量的海水和大陆差不多每个地方都连了起来，因而造就了一种异常温和的气候。这种气候代表着冬天温暖、夏天凉爽。生活可谓既不太轻松，也不太艰难，因此，欧洲人一方面不会游手好闲（像非洲人），一方面也不会让自己起早贪黑地为生活奔波（像亚洲人），而是劳逸结合，充分享受劳动的快乐和休息，过着惬意、舒适的生活。

当然，近代以来的欧洲人并不只是凭借气候的优势而成为地球上广大地域的主宰的。实际上，地理环境是令欧洲崛起的又一个因素。当然，地理环境的形成纯属偶然，绝对不是什么人可以控制的。

欧洲那独特的地理环境是由猛烈的火山爆发、大规模的冰山入侵、可怕的洪水泛滥造就的。欧洲人由此得到了大自然的恩赐，并利用这些良好条件为自己造福。

通常，欧洲人以山脉作为天然的国家分界线，将四通八达的河流作为内陆通向大海的通衢大道。而在铁路与汽车还没有发明之前，这些河道对欧洲的贸易和商业的繁荣与发展起到了至关重要的作用。

伊比利亚半岛与欧洲的其他部分被比利牛斯山脉分隔开，而这条山脉也成为西班牙和法国的天然边界。对意大利而言，阿尔卑斯山脉起到了相同的作用。而塞文山脉、侏罗山脉和孚日山脉则将法国西部的大平原牢牢地藏在后面。喀尔巴阡山脉好像一座堡垒一样，将匈牙利和俄罗斯大平原分开。

奥地利帝国在过去800年中起到了重要的作用，不过，它却仅仅是一个圆形平原。它处于崇山峻岭之中，因而可以让自己得到很好的保护，也对邻国起到天然的防范作用。假如失去了这些天然屏障，奥地利帝国也不会存在这么长时间。自然，德国也并不是偶然的政治产物。它广袤的疆域沿着阿尔卑斯山脉延伸到北面，直到波罗的海。

至于那些欧洲的岛屿，有的像英格兰岛、古希腊在爱琴海中的那些小岛，也有的像荷兰和威尼斯那样的低地，任何一个天然要塞，都好似被造物主精心设计出来一般，为的就是让它们可以成为一个个独立的国家。

甚至，俄罗斯的形成也是某些自然因素的产物。虽然我们经常听说，俄罗斯是某个可怕人物（罗曼诺夫王朝的彼得大帝）为了获得至高无上权力而建立的，不过，事实并非如此。俄罗斯大平原处于北冰洋、乌拉尔山脉、里海、黑海、喀尔巴阡山脉和波罗的海中间，是建立一个高度集权帝国的理想之地。

正如我在以前所说的一样，欧洲的河流有着独特的流向，这对欧洲大陆的经济发展起到了最重要、最实际的作用。

假如在马德里和莫斯科之间画一条直线，你就会发现，每一条河流的流向全都朝北或朝南，这就让内陆的每个区域都能直通大海——因为文明是水流的产物，而不是陆地的产物，所以，欧洲之所以能成为地球上最富饶的大陆，与这种天赐的水流安排之间有着极大的关系。

在此，我们可以把欧洲和北美洲进行一番比较。

在北美洲，两座高大雄伟的山脉的走向差不多和海岸线平行；整个中部地区（即中西部中央大平原）唯一的直接入海通道，就是密西西比河及其支流。而密西西比河及其支流最终流入墨西哥湾，这是距离大西洋和太平洋都相当遥远的内海。

接下来，我们再把欧洲和亚洲进行一番比较。

亚洲的地表结构复杂，山脉的走向也十分不规则。考虑到这些因素，亚洲河流的走向混乱不堪也就不足为奇了。在众多的河流中，流经广阔的西伯利亚后，直接汇入了北冰洋的鄂毕河是最重要的一条河流。可是，它仅为当地人数极少的渔民带来了一些好处，而对其他多数人来说，毫无实际利用价值。

与欧洲相比，大洋洲几乎没有什么河流。

再把欧洲和非洲相比。非洲的河流因为辽阔的中部高原而不得不进入沿海的崇山峻岭中，迫使海洋运输必须通过河流转运，才能到达内陆地区。

现在，你就会明白欧洲在近代崛起的原因了——这里有着合适的山脉和更合适的水流体系，有着蜿蜒曲折的长海岸线（假若欧洲的海岸也与非洲和澳大利亚的海岸那样规则、整齐的话，那么，它的海岸线就只能是现在海岸线长度的1/9），有着温和、宜人的气候，而且，它恰好处于北半球大陆群中心位置。

不过，仅仅依靠这些天然的自然优势，还无法让这个地球上的一个小小角落称霸世界。这其中，欧洲人的聪明才智发挥了极其重要的作用。这样一来，就相当容易理解了。北欧的气候十分理想，对于人的大脑活动特别适合。这个地方的气候不会冷得让人不适，也不会热得让人懒于工作，它会让人更愿意做事。

结果，一旦欧洲各国建立起来，一旦将从事脑力劳动的基本保障和保护居民生活的法律法规建立起来，北欧人就迅速地投身于科学探索和研究中去，并且，他们率先在近代科研领域成为开拓者。

从各个文明学习到的数学、天文学和三角学知识，让欧洲人学会了怎样在七大洋中航行，并顺利返航。欧洲人通过对化学的研究，发明了一种内部可以点火的机器（这种奇怪的机器就是"枪"）。欧洲人对医学的研究，让他们懂得了如何抵抗各种疾病的方法，也提升了他们的抗病能力，而这些疾病却经常导致世界各地人口数量剧烈减少。

最后，因为土地的相对贫瘠（相比于恒河流域和爪哇群山），和一种对"幸福生活"的永无止境的追求，加之他们并不崇尚节俭，于是，他们变得格外贪婪，为此不顾一切地掠夺财富。他们认为，假如失去了这些财富，在他人眼里，他们就会成为可怜的失败者，被邻居轻视。

神奇的指南针传入欧洲后，欧洲人在它的帮助下，开始驾轻就熟、自由自在地在大海上航行。他们将船舵由船舷两侧移到船尾后——这是14世纪上半叶发生的重大技术改进，也是人类历史上最重要的发明之一，这一发明让人类享受到了自如操纵航向的乐趣。由此，他们可以驶出小小的内陆海、地中海、北海、波罗的海，将辽阔无边的大西洋变成他们进一步发展商业贸易、开展军事征服的通道。

最终，他们将自己天然的地理优势（恰好处于北半球大陆群的中心）充分利用起来。他们将这一优势保持了500多年。

由于贸易始终会选择成本最小的交通方式，因此，帆船被蒸汽船成功地取代了。同时，欧洲依旧有实力让自己继续保持领先地位。一些军事家认为，世界霸主就是拥有最强大海军力量的国家。这种观点真的没错，而历史也证实了这一点：

挪威被威尼斯和热那亚取代，威尼斯和热那亚被葡萄牙取代，葡萄牙被西班牙取代，西班牙被荷兰取代，荷兰被英国取代，任何一位世界霸主都一度拥有更多、更强大的战舰。

不过，到了今天，海洋原有的重要性正在快速降低。海洋作为贸易通道的作用，已经被天空所取代。可以说，从此以后，欧洲成了二流大陆，这与其说是由于第一次世界大战，不如说是由于那重于空气却可以在空气中飞行的机器——飞机。

哥伦布是意大利热那亚的一位羊毛商人的儿子。正是他开启了欧洲的大航海时代，从而转变了人类历史的进程。而生活在俄亥俄州代顿市郊区的一个简陋的自行车修理店的老板，却开发了天空的无限潜能——对1000年后的人们来说，或许，他们将不会听说克里斯托弗·哥伦布这个名字，然而，他们必定熟悉奥维尔·莱特和威尔伯·莱特这两个名字。

从此，人类文明的中心慢慢地由东半球转移到了西半球。

第7章 欧洲的发现

就人口数量而言，欧洲总人口的数量是美洲的2倍——生活在这块小小陆地上的人竟然比生活在美洲、非洲、大洋洲的人的总数还多。而人口数量为9.5亿的亚洲，则轻易地超过了人口数量为5.5亿的欧洲（译者注：20世纪房龙所处时代的人口统计）。

这些数据是相当准确——它们得自国际联盟（即联合国的前身）下属的国际统计学会。这是一个由许多学识渊博的人组成的专业机构，其成员可以用客观公正的态度看待问题，不存在为了迎合某些国家的自尊心而随意修改统计数据的可能性。

根据这一权威机构的统计，地球平均每年净增加人口数为3000万。这是一个相当严重的问题——按照这个速度计算，60年后，全球人口数量将会是现在的2倍。人类现在才存在数百万年，我无法想象未来会是怎样的一种情形。当下，乘坐地铁"只能站着"已经相当糟糕了。假如，将来的人们在地球上也"只能站着"，那无疑会让人无法忍受。

以上，就是我们要面对的未来，要是不想如此，我们就要主动面对现实，并及时采取有效的控制措施。

上面几段内容，属于政治经济学的领域。现在，摆在我们面前的问题是：在欧洲大陆早期历史上发挥过重大作用的移民是从哪里来的？这些早期移民是第一批到达这个地方的人吗？

让人特别遗憾的是，这些答案还很不清楚。这些人或许是从亚洲来的；或许他们是穿过乌拉尔山与里海之间的狭窄通道抵达欧洲的；又或许，他们早已发现了更早的移民和更古老的文明。

是以，在人类学家发现更多的线索以前，那些史前移民的故事还是一片扑朔迷离，因此，这本书在这方面将不会进行深入地叙述。我们还是把后来的移民作为描述重点吧。

早期的人类来到欧洲的原因是什么——他们来到欧洲的原因和

过去100多年里100多万人离开东半球来到西半球的原因相同——都是因为无法忍受饥饿的折磨。正是由于这个原因，他们来到这里，希望这片西方大陆的土地可以让他们得到更多的生存机会。

这些移民纷纷前往欧洲的每个角落，就像后来的移民广泛分布在美洲大平原上一样。

在对土地和湖泊（早期的一片湖泊远比一块土地珍贵得多）进行疯狂地抢夺的过程中，"纯血统种族"的痕迹没多久就不见了。一些弱小的部落生活在大西洋沿岸人迹罕至的山区，还有一些隐藏在深山的峡谷里，过着枯燥乏味的生活。

他们一方面为自己种族的正统而深感自豪，另一方面也为自己过着与世隔绝的生活而备感遗憾。所以，我们今天在提到"种族"一词时，实际上已经将"绝对纯正的人种"的含义摒弃了。

我们今天在用这个词的时候，为的是可以方便地描绘某个较大的人群：他们正好（或多或少）使用同一种语言，（或多或少）有着相同的历史根源，在过去的2000多年中，形成了一些共通的民族个性、思维方式和社会行为方式。他们因为这一切而找到了民族归属感。不过由于缺少更加恰当的词语，于是，我们继续用"种群"这个词来指称他们。

按照种群的概念（正如方程式中的未知数x，纯粹是为了将难题简化而发明的一样），现代欧洲可以分为3大种群和6小种群。

首先是包括英格兰人、瑞典人、挪威人、丹麦人、荷兰人、佛兰芒人和一部分瑞士人的日耳曼种族。其次是包括法兰西人、意大利人、西班牙人、葡萄牙人、罗马尼亚人的拉丁种群。最后是包括俄罗斯人、波兰人、捷克人、塞尔维亚人、保加利亚人的斯拉夫种群。这三大种群的人数累计占到了欧洲总人口的93%。

欧洲剩下的小种群，包括几百万马札尔人，或者说匈牙利人，略少些的芬兰人，大约100万土耳其人的后裔（生活在一小片遗留区，属于君士坦丁堡附近的土耳其帝国），大约300万犹太人。希腊人则彻底融入了其他种族中，导致我们仅能依靠猜测对其血统进行判断，不过，他们与日耳曼种群最接近。还有阿尔巴尼亚人，他们也或许属于日耳曼血统。

最后，是爱尔兰的凯尔特人、波罗的海的列托人、立陶宛人和吉卜赛人。吉卜赛人（或称波希米亚人）的总人数不详，他们的来历也很模糊，不过，他们的出现足以使我们这些对他们感兴趣的人得到如下警示：对那些来得晚，只好看着最后一块土地被他人占领的移民者来说，吉卜赛人的命运即自己的命运。

对于在这块古老大陆的高山和平原上生活的人们，我们暂且谈这些。现在，我们务必要弄明白，他们是如何将地理环境加以改造的，地理环境又是如何改造他们的。我们的现代世界就是在这些斗争中诞生的。假如失去了这些连绵不绝的斗争，我们极有可能还像旷野里的野兽一样生活着。

在对此展开进一步论述之前，我先将本书的使用方法告诉你：

地图册是阅读这本书必备的参考资料。现在，已经有了许多特别好用的地图册，无论哪种均可——地图册发挥着词典一样的作用。就算是一本并非特别好的地图册也聊胜于无。

你们很快就会发现，地球仪上的地图是唯一接近实际的地图，不过也并不完美，原因是地球仪为正球体，而不是像地球那样的椭圆球体。当然，我们制作地球仪的目的是为了更好地学习。

在地球在两极地区有一点儿扁平，要想将这点儿差别显示出来，就需要一个巨大的地球仪。但是，我们无须为这个小小的问题而计较。你可以为自己准备一个地球仪（在撰写本书时，我从一个自己做的、仅花了10美分、事实上是一个铅笔刀的地球仪上获得了许多帮助），并尽可能地使用它，不过要记住，它仅仅是地球的"近似物"，和地球并不是完全一致的。

假如你拿到了船长资格证书，你的生活中就会展示地球的真实面貌。如果那样的话，你一定要耗费数年的时间去研习一门深奥的学问——航海学。这本书并不是为专家所写的，而是为那些想了解自己所居住的这个星球的一些概况的普通读者而写的。

现在，我要告诉读者的是，通过地图来重新认识你所看到的一切，是学习地理最简单、最有效的方法。

画地图……准备好一个大小不限的地球仪，一本地图册，一支铅笔和一叠纸，然后，你就可以动笔画了。想学习地理知识，就要牢记一点：画地图是最好的方法。

第8章　希腊

将古老的亚洲和新兴的欧洲连接起来的纽带

希腊半岛位于较大的巴尔干半岛的最南端。它北面以多瑙河为界；西面靠近亚得里亚海，和意大利隔海遥望；东面是黑海、马尔马拉海、博斯普鲁斯海峡和爱琴海，和亚洲相望；南面靠近地中海，和非洲相隔。

我从来没有从空中俯瞰过巴尔干半岛，不过，我想，假如从高空看去，它一定像是一只从欧洲伸向亚洲和非洲的大手。这只手的大拇指就是希腊，小手指就是色雷斯，而这根小手指上的指甲就是君士坦丁堡。其他三根手指就是由马其顿和色萨利绵延到小亚细亚之间的山脉。

在陆地上，我们仅仅能看见这些山脉的山顶部分，爱琴海的波涛则将这些山脉的大部分都掩藏起来了。这只手的皮肤伸展开来，铺在坚实挺拔的山脊上。总而言之，我可以说，处于"这只大手"上的国家是呈对角线分布的，由西北延伸到东南。其中包括保加利亚、黑山、塞尔维亚、土耳其、阿尔巴尼亚、希腊。

狄那里克－阿尔卑斯山脉，就是其中最重要的山脉。这条山脉由瑞士的阿尔卑斯山脉延伸到科林斯湾。科林斯湾是一个三角形的宽阔海湾，希腊被其分为南北两部分。在早期的希腊人心中，它是一个小岛（这真是一个小奇迹，原因是和大陆相连的科林斯湾宽仅3.5英里左右），并用伯罗奔尼撒半岛或者珀罗普斯岛（按照希腊传说的记载，珀罗普斯是坦塔罗斯的儿子、宙斯的孙子，在奥林匹亚被奉为"优秀运动员之父"）来称呼它。

中世纪的时候，威尼斯人将希腊征服了。这是一群十分普通的商人，他们对一个年轻人（珀罗普斯）成为父亲盘中烤肉的故事一点儿也不感兴趣。他们发现，伯罗奔尼撒半岛的地图看上去如同一片桑叶。所以他们用摩里亚这个名词来称呼它。当然，你能够在现代的地图册里找到这个名字。

　　两条互不相连的山脉也位于这个区域。其中就有位于北部的巴尔干山脉，整个半岛就是用它的名字命名的。巴尔干山脉仅仅是一条半圆形山脉的南部，而喀尔巴阡山脉则位于这条半圆形山脉的北部。一道"铁门"将这两条山脉隔开，而这个所谓的"铁门"只不过是一个狭长的深谷，多瑙河就是从这里流向大海的。作为一道天然屏障，巴尔干山脉迫使多瑙河改变了离开匈牙利平原后流向爱琴海的打算，径直朝东流去，最终流入了黑海而不是爱琴海。

　　不幸的是，这堵把希腊半岛和罗马尼亚分开的墙，因为不如阿尔卑斯山高，所以不能将从俄罗斯大平原过来的凛冽寒风阻挡在巴尔干地区之外。所以，巴尔干半岛北部地区经常的天气就是雨加冰。好在，在阴云在抵达希腊之前，第二堵墙——罗多彼山脉又将其挡住了。

　　罗多彼的意思是"遍布玫瑰花的山"（你可以在许多词中找到一样的词根，像玫瑰树、爱琴海上的罗德岛……），也象征着温和的气候。

　　罗多彼山脉高达近9000英尺。而巴尔干山脉的最高峰只不过8000英尺左右。它位于著名的希普卡山口附近，1877年9月，在占领这个关隘时，俄罗斯军队损失惨重。所以，罗多彼山脉对半岛其他地区的气候起到了重大的作用。此外，高达1万英尺、常年积雪的奥林匹斯山也时刻保护着希腊民族的发源地——色萨利平原。

　　富饶的色萨利平原过去是一片内陆海，佩纽斯河（也即萨拉米比亚河）在著名的奥林匹斯山中替自己开辟出一条河道，于是，广阔的色萨利湖的湖水就全部流入萨洛尼卡湾，最终让这里成为一片陆地。今天，烟草种植业是色萨利的主要产业。沃洛是此地的一个港口，当年，传说中阿尔戈的英雄们就是由这一港口动身去寻找金羊毛的。早在特洛伊的英雄们出生以前，这个故事就流传了非常长的时间，甚至到了家喻户晓的程度。

拉里萨是这个地方的另外一个城市，它是一个铁路枢纽，同时还是一个工业城市。

我们从色萨利平原出发，翻过品都斯山脉后，就到达了伊庇鲁斯地区。品都斯山脉和巴尔干山脉同样高大雄伟，始终是伊庇鲁斯与希腊其他地区之间的一道天然屏障。

是什么原因让亚里士多德将伊庇鲁斯看作人类的发源地呢？直到现在，这还是一个谜。这个地方除了连绵不断的高山和四处游荡的牛群之外，什么都没有，不但没有码头，而且连一条像样的公路也没有。当地早期居民也大多不在了——在一次战役之后，罗马人将15万伊庇鲁斯人卖为奴隶（这是罗马人建立法律和秩序的著名手段之一）。

不过，在伊庇鲁斯，有两个地方是很有意思的。其中一个是伊萨卡岛，就是传说中饱受折磨的神话英雄奥德修斯的故乡；另一个是科孚岛，这里是淮阿喀亚人早期的家园。阿尔喀诺俄斯是淮阿喀亚人的国王，他就是瑙西卡的父亲。瑙西卡在古典文学作品中是最可爱的女人，是热情与优雅的化身（她曾帮助过落难的奥德修斯）。

现在，科孚岛（作为爱奥尼亚群岛的一部分，威尼斯人最早将其占领，后来法国人又将其占领，接着英国人又将其占领，直到1869年希腊才将其收回）之所以这么有名，是由于在1916年，溃不成军的塞尔维亚军队曾将这个岛当成撤退的基地，而且，在第一次世界大战中，它还遭到轴心国海军劳而无功的几下炮轰。现在，这里是一个风景极优美的冬季疗养胜地。

处于阿提卡向南伸展的丘陵与色萨利和伊庇鲁斯向北伸展的山区之间的维奥蒂亚，就像一只巨型的空汤盘，我说到这个地区，最主要的原因，就是我在本书开头曾提过的自然对人所产生的影响，而在这方面，维奥蒂亚是一个相当典型的例子。

对身处黄金时代的普通希腊人来说，虽然维奥蒂亚人是从缪斯的家乡帕纳塞斯山来的，不过，在许多希腊人的眼里，他们还是乡巴佬，智力低下的大老粗，小丑、白痴和傻瓜。他们命中注定要充当古希腊一切粗俗闹剧中的笑料。

实际上，维奥蒂亚人的天赋和其他希腊人一样高。战略家伊巴密浓达[①]和传记作家普鲁塔克[②]都是维奥蒂亚人，不过他们都在年幼的时候就远离故乡。那些始终留在维奥蒂亚的人因为受到科派斯湖沼泽地带散发出来的瘴气的常年毒害，因此，大多成为疟疾的牺牲品（这是用现代医学术语来讲）。

到了13世纪，雅典统治者是来自法兰西的十字军。他们将沼泽里的积水排干，对维奥蒂亚人的生活条件进行了改善。而后来的土耳其人却任由蚊虫自生自灭，于是维奥蒂亚人的环境进一步恶化了。

最后，在新王国的统治下，一家法国公司和一家英国公司先后将科派斯湖的湖水排放到了埃维亚海，结果，等湖里的水被彻底排尽之后，这片内陆海的海底成了肥沃的草场。

现在的维奥蒂亚发生了巨大的变化，沼泽没了，瘴气消失了，蚊子也不见了。数百年来，这片土地被当成笨蛋和低能的展览区而受到嘲讽。现在，毒气弥漫的沼泽被排干后，这里的人们恢复了正常的生活。

接下来，我们去阿提卡，这里是希腊最有趣的地方。

今天，我们可以由拉里萨乘火车到雅典，而这条铁路还和欧洲

---

① 伊巴密浓达（Epaminondas，约前410—前362），古希腊政治家、军事战术家和领袖。他领导底比斯脱离斯巴达的控制，并使底比斯跃升为一等强国。

② 普鲁塔克（Plutarchus，约46—125），罗马帝国时代的希腊作家，以《希腊罗马名人传》一书闻名。

主干线相连。可是，在过去，希腊人假如由北方的色萨利到南方的阿提卡，只能选温泉关这一条路走。

这个所谓的关隘并不是现代意义上的隘口（两座高山之间的峡谷），而是一条狭窄的山沟，位于欧伊铁山和埃维亚海的海拉伊湾之间的山岩上，宽仅45英尺。公元前480年，斯巴达国王列奥尼达①率领300名斯巴达勇士，为了阻击薛西斯②统帅的波斯大军的入侵，在温泉关与对方展开了激烈的战斗，最终全部壮烈牺牲。200年后，同样是在这个地方，在希腊的国门之外，野蛮的高卢人同样被阻挡住。甚至在1821—1822年的希腊－土耳其战争中，这个关隘依旧发挥着重要的军事作用。

今天，温泉关已经不在了。海水也后退了将近3英里，剩下了一个简陋的海水浴场，风湿病和坐骨神经痛患者试图在这些温泉（希腊语"thermos"意为"热"，英语"温度计"和"热水瓶"都由此而来）中缓解自己的病痛。不过，对那些为失败的事业而牺牲的英雄来说，假如自己还能被后人铭记，那么，这个以"温泉"命名的战场，就必将永垂不朽。

至于阿提卡，这是一块三角形的海岬，面积不大，爱琴海蓝色海水将其环绕着。这一地区多山，众多小山谷分布于山间，每一条山谷都直通大海，这里的空气清新宜人——这里常年受着来自海上的和风的吹拂。古雅典人声称，他们之所以聪明睿智、极富远见卓识，正是受益于他们呼吸到的令人心旷神怡的空气。

他们或许说得没错。这里并没有像维奥蒂亚那种利于疟蚊繁衍的污浊沼泽，所以，空气总是十分清新，雅典人也因此体魄强

---

① 列奥尼达（？—前480），古希腊斯巴达国王，抗击波斯入侵的英雄。

② 薛西斯（约前519—前465），波斯帝国国王（前485—前465在位），曾率海陆大军远征希腊。

健——正是雅典人最先认识到，人的精神与肉体是相伴相生的，二者同为一体；肉体的健康一定程度上可以促进精神的健康，而精神的健康又是肉体健康所必需的条件。

这里的空气是如此美妙，因此，人们可以从雅典卫城①一眼望到一座盛产装饰材料大理石的山脉——彭忒利科斯山。站在彭忒利科斯山顶，可以将马拉松平原尽收眼底。然而，气候并非造就雅典人的唯一因素——这一因素直到现在还存在着。让阿提卡人走向世界任何一个有人或无人的角落的原因，正是海洋。

在平原的正中间，是大自然的鬼斧神工创造出来的地理奇迹——伊米托斯山（雅典上等蜂蜜的出产地）、彭忒利科斯山和艾加里奥山。

当年，那些从雅典逃出来的难民就是在艾加里奥山上，目睹薛西斯的海上舰队在萨拉米斯湾全军覆没的；而在几天前，薛西斯的军队刚将整个雅典城烧毁了。这座平顶峭壁的小山吸引了很多来自北方的移民——他们可以从这里得到食物和庇护，这是人们生存的重要保障。

这是一个十分奇怪的现象：雅典和罗马（以及现代的伦敦和阿姆斯特丹）这两个古代欧洲最重要的居住地，并没有紧靠大海，而是和大海保持着数英里的距离。例如位于地中海克里特岛中心的克诺索斯。而在雅典和罗马建城前的数百年，克诺索斯就起到了一个警示作用。这座城市紧靠大海建立，常常遭受海盗的袭扰，因此，具有致命的危险。

不过，与罗马人相比，雅典人可以更方便地投入大海的怀抱。

---

① 雅典卫城，位于希腊首都雅典，是最著名的卫城（顶端城市）之一。现存主要建筑有帕特农神庙、伊瑞克提翁神庙等。

希腊水手只需在比雷埃夫斯（即今天的雅典港）上岸，用不了多久就可以和家人团聚。而对于罗马商人来说，相同的旅程则需要花费3天的时间——这的确有点儿远。

于是，罗马人改变了原来的习惯，在台伯河河口的港口定居下来。如此一来，罗马就慢慢失去了和大海的紧密联系。而对那些想掌控世界主导权的国家来说，大海具有特别大的好处，也可以提供特别大的帮助。

这些居住在方山——"高城"（也就是卫城）中的希腊居民，后来慢慢迁移到平原上，在方山山脚的周围修筑起一片片房屋，同时也把围墙修筑起来。最后，他们所修的这些防御工事和比雷埃夫斯连成一体。这些居民通过在地中海做贸易和抢劫的方式，让自己过上了富裕的生活。在相当长的时间内，这座坚不可摧的城市是整个地中海地区最富庶的地方。

后来，他们的"高城"不再成为人类的居住区，而变成了一座座白色大理石神殿矗立之地（也就是圣地），被阿提卡淡紫色的天空映衬着。虽然土耳其人将这座卫城的一部分建筑（在1645年占领雅典期间）炸毁了，不过，直到现在，在所有展示着人类崇高智慧的历史遗迹中，雅典卫城依然是最独特、最令人崇敬的典范。

1829年，希腊重获独立，而这时的雅典已经衰败，沦落成一个只有2000人的小村庄。到1870年，它的人口数量为4.5万。现在，这里的人口数量达到了70万，它的人口增长速度和美国西部城市相差无几。

在第一次世界大战结束之后，这座以雅典娜（从宙斯脑袋中蹦出来的最聪明、最机智的女儿）命名的城市，已经向世人展现了其凤凰涅槃一般的神奇力量。

接下来，我们要去希腊半岛最遥远的一个地方。在这个地方，人类的任何祝福和自信不会发生作用。在传说故事里，珀罗普斯遭到了父亲的恶毒诅咒，这片用这位不幸王子的名字命名的土地也一直被这诅咒笼罩着。在这里，海洋被雄伟的大山挡住，阿卡迪亚的田园风光就隐藏在大山的后面。

阿卡迪亚在每一位诗人的口中，都是质朴、诚实、可爱的牧羊姑娘和小伙子的故乡。诗人总是愿意将饱满的热情奉献给他们最不了解的东西。如果说阿卡迪亚人不像那些通晓人情世故的希腊人一样喜欢玩弄些拙劣的小把戏，那么，这并不是由于他们天性诚实，而是由于他们还没能学会这种本事。

阿卡迪亚人的确不偷窃，原因是在这个仅仅有枣和山羊的地方，实在不存在什么值得偷的东西；阿卡迪亚人也确实不说谎，原因在于他们所在的村子小到每个人对其他人的底细都了如指掌的地步。

他们不像厄琉西斯或者其他圣地的居民那样，虔诚而奢侈地敬奉希腊诸神，那是因为他们拥有自己的神——潘神①。就开低级玩笑、展现乡巴佬的愚蠢等方面来说，潘神绝对不比奥林匹斯山上的任何一位神明差。

实际上，直到现在，阿卡迪亚人依旧保持着能征善战的特点，然而，就他们而言，这并没有什么好处——和大多数农民一样，他们同样不喜欢纪律的束缚，一直都在为谁有资格担任他们的统帅而争论不休。

肥沃的拉科尼亚平原位于阿卡迪亚山的南端。与阿提卡所有的山谷相比，这里都要肥沃得多。不过，这个地方到处呈现着一片贫瘠、荒凉的景象，除了维持生活必需的物质之外，再也没有任何其他东西

---

① 潘神 (Pan)，希腊神话中司羊群和牧羊人的牧神，专门照顾牧人、猎人等住在乡野的人。

了。斯巴达城就坐落在这块平原上，这是一座奇特的古老城市。

斯巴达人对于北方希腊人所反对的一切持赞同态度。假如雅典人说"是"，那么，斯巴达人必定会说"否"。雅典人对灵感的光辉深信不疑，而斯巴达人则极为崇尚效率与牺牲。雅典人骄傲地宣扬天授神权的伟人，而斯巴达人则将每个人都变成千篇一律的普通人。雅典人将自己的大门向世界敞开，而斯巴达人却对外人紧闭大门，或者杀光他们。雅典人天生是做生意的好手，而斯巴达人则不愿意让金钱弄脏自己的双手。

假如我们以成败论英雄，来对这两种迥然不同的人进行分析，那么，斯巴达人必定是失败者。如今，雅典人的精神已经传遍了世界各地。斯巴达人的精神则早已随着斯巴达城一道，消失于这个世界上。

今天，你还可以在今天希腊的版图上找到"斯巴达"这个名字。不过，那只是一个小村庄，贫穷的农民和卑微的蚕农住在里面。1839年，在古斯巴达传说中的遗址上，这个小村庄得以重建。一个热心的英国人提供了建村的资金，而一个德国人提供了建筑图纸。不过，大家却都不愿意去那里居住。

经过近百年的努力，这个村庄的人口才达到4千——这是古老的珀罗普斯诅咒吗？！这个诅咒在半岛的另一端甚至更加灵验，因为它完全应验在史前的迈锡尼古城之上了！

古迈锡尼遗址和纳夫普利翁离得很近。纳夫普利翁位于纳夫普利翁湾边上，是伯罗奔尼撒半岛著名的港口城市。迈锡尼早在公元前500年就被摧毁了。然而，对于我们这些现代人来说，与雅典和罗马相比，迈锡尼具有更为直接的重要意义。这是因为在有文字记载的人类历史开始前的相当长的时间里，人类恰好在迈锡尼首次登上了原始的欧洲海岸。

为了弄明白这是怎样发生的，我们来看看由欧洲伸向亚洲的巴尔干山脉这只大手。组成这只大手的三根手指，其实是一连串的岛屿。其中，意大利占领了爱琴海东部的几个小岛，其余的岛屿都归希腊所有。没有哪个国家愿为遥远的爱琴海中几块毫无价值的礁石开战，所以，这几个小岛一直属于意大利。

为了方便起见，我们将这些岛屿划分为两部分，一部分是距离希腊海岸比较近的基克拉泽斯群岛，另一部分是距离小亚细亚比较近的斯波拉泽斯群岛。就如圣徒保罗所说的一样，这些岛屿彼此之间挨得很近。于是，这些岛屿变成了古埃及文明、古巴比伦文明、亚述文明向西传播到欧洲大陆的桥梁。

同时，受到爱琴海诸岛上居住的早期亚洲移民的影响（这些文明显然已经衰落），当这些"东方化"的文明最终到达古迈锡尼时，迈锡尼原本可以像后来出现的雅典一样成为古希腊世界的中心。同时，我们也不知道，马赛，这个雅典当之无愧的继承者，地中海的新任霸主，为什么一定要将这莫大的殊荣拱手送给罗马这样一个后起的、目中无人的小村庄呢？迈锡尼昙花一现般的光辉和迅疾的败落，真是一个让人百思不得其解的谜团。

或许你有异议，原因是我所说的都是历史，而这本书是一本地理书。不过，正如很多古老的国家一样，希腊的历史和地理也是密不可分的，假如想将其分开来讨论，那是行不通的。而且，由现代的观点来看，希腊值得介绍的地理知识仅有一点儿。

长度仅3英里的运河将科林斯地峡拦腰截断，然而，由于这条运河太窄、太浅，大船无法在这里航行。因为和土耳其（还有保加利亚、塞尔维亚和黑山单独或共同）发生的一系列战争，最终，希腊的疆域增加了将近一倍；然后，因为在实现伟大复兴的过程中低估了土耳其人的战斗力，希腊又丢失了一半新得到的领土。

现在，希腊的航船偶尔会出现在北海和波罗的海中，不过，这些希腊航船不像济慈笔下的希腊古瓮那样高贵优雅，而是因懒散和肮脏而闻名。

补充一点，橄榄、无花果和无核小葡萄干也是希腊的特产，它们还被出口到许多国家。

就像它的人民所热切期盼的那样，希腊可以重现昔日的荣光吗？或许会的。

马其顿人、罗马人、哥特人、汪达尔人、赫鲁利人、斯拉夫人曾先后强占、践踏过这个古老的国家；诺曼底人、拜占庭人、威尼斯人和那些十恶不赦的十字军恶棍又先后将其占领，使之成为他们的殖民地；阿尔及利亚人又险些将它毁灭；新移民又差一点儿将其同化；甚至，它还不得不在土耳其人的统治下忍受了整整400年；第一次世界大战时，它又成为协约国军队后勤供应的基地和战场。

总之，这是一个遭受了深重苦难的国家，然而，只要生命存在，希望就存在。

第9章 意大利

海上霸主与陆上强国

从地理学上来说，意大利是广袤、巍峨的高原的残骸，是一个巨大的废墟。

这个高原的外形是方形，好像现代西班牙的地形一样，只是后来慢慢下沉了（经历上百万年的漫长岁月，就算是最坚硬的岩石也会发生变化），直到最后，消失在地中海的波涛之中。

现在，我们仅仅能看到亚平宁山脉——那个古老的高原最东面的一个角。亚平宁山脉由波河流域一直延伸到靴尖（意大利的地形在地图上就像一只皮靴）的卡拉布里亚。

房龙手绘意大利地形图

我们依旧可以在科西嘉岛、厄尔巴岛、撒丁岛上看到这片史前高原遗留的痕迹，在西西里岛也可以看到这些痕迹。第勒尼安海中到处可见的小岛，都证明着这座远古高原上的山峰的存在。当大海将整个高原淹没时，那一定是十分可怕的悲剧。

不过，这是一场发生在2000万年前的悲剧，那时，最后一场大规模的火山喷发发生在地球上，当然，不会有幸存者将当时的情形描述出来。可是，后来居住在亚平宁半岛上的人，却因为这座大山的覆灭而得到了意外的恩赐——这个地方因为它而获得了温和的气候、优越的地理位置和肥沃的土地。于是，这个地方注定会成为古代强国。

除此之外，这一地区艺术和科学繁荣发展与传播的重要因素之一，就是以上这些优越的地理条件。

希腊就像是一只伸向亚洲的巨手，将尼罗河流域和幼发拉底河流域的古老文明抓在手中，然后将其传播到欧洲大陆的其他地方。不过，希腊人自己在那个时期总是和受他们恩惠的欧洲大陆关系疏远，极少来往。希腊这个国家就如同一个孤岛。事实上，半岛地形本身不曾给希腊带来任何好处——希腊与欧洲的其他地区被一座座高山（即整个巴尔干山脉）分隔开来。

和希腊恰好相反，意大利不但具有三面环海的岛屿优势，而且，还具有如北欧一般的辽阔陆地的优势。我们经常忘了这一事实，却用大同小异的态度对希腊、西班牙和意大利大谈特谈。

希腊和西班牙确实存在着很多的相似之处，比如，比利牛斯山脉和巴尔干山脉都是一道天然屏障，横亘在南北方之间。然而，意大利的波河大平原就如同一个凸角，笔直地插进了欧洲的中心地带。意大利最北部的城市纬度比里昂和日内瓦都要高，甚至，米兰和威尼斯的位置也比波尔多和格勒诺布尔更靠北。而佛罗伦萨则被我们下意识地视为意大利的中心，差不多和马赛处于同一条纬线上。

阿尔卑斯山脉尽管比比利牛斯山脉和巴尔干山脉高出很多，不过，却是一条便捷的连接南北的交通通道。莱茵河和罗纳河和意大利北部的边境线几乎平行，阿尔卑斯山脉被它们分成了两部分，所以，那些流入莱茵河和罗纳河的山谷溪流，和这两条主河道恰好构成90°的直角，于是，就这样形成了通向波河大平原的便利捷径。

当年，迦太基名将汉尼拔[①]带着他的大象军团第一次发现了这条捷径，使得毫无防备的罗马人遭到了他们的沉重打击。

凭借着如此得天独厚的地理位置，意大利集海上霸主和陆上强国的双重身份于一身，一方面主宰着地中海区域，一方面控制、压迫着其他欧洲国家。

当地中海不再是世界的中心，大西洋因为美洲新大陆的发现而一跃成为商业贸易与文化交流的中心时，意大利从前的优势就不复存在了。因为极其缺少煤、铁资源，它难以和西欧的工业国家竞争。

然而，在漫长的1200年里（也就是从公元前753年罗马建立直到公元4世纪这段时间中），易北河、多瑙河以南的每一片土地，都处在意大利人的统辖和管理下。

意大利人最先提倡"法律"与"秩序"的观念。与日耳曼野蛮人的那种居无定所、肮脏、混乱的游牧生活相比，意大利人早就过上了开化、优越的生活。当然，它之所以可以称霸世界，是因为对别的国家和地区的横征暴敛。然而，它在征收种种苛捐杂税的同时，也将这些捐赋中的一部分用之于民，而这些国家、地区的命运也因此得到了改变。

从亚洲迁徙到欧洲之后，野蛮的日耳曼部落刚一站稳脚跟，就开始了为占有这片理想的"远西"之地的激烈争吵。正是在这时，意大利人首先将法律与秩序的观念灌输给他们，并向他们展示了半文明的生活方式比之原先的游牧生活的优越之处。当然，依靠对其他国家的征服和掠夺，意大利让自己变得越来越富强。

不过，在征收各种重税的同时，它也输出了一些文明的"副产

---

① 汉尼拔（Hannibal Barca，前247—前183），北非古国迦太基名将，军事家，欧洲历史上最伟大的军事统帅之一。

品"，而正是这些，将不同时期、不同地方的人的命运改变了。就算到了今天，细心的观察者还会在参观巴黎、布加勒斯特、马德里或者特里尔时发现，这些地方的居民，不管是在外貌上还是在思想上，都具有某些相似的地方。

他还会惊讶地发现，不管这些商店的名字是法语、西班牙语、罗马尼亚语，还是葡萄牙语，自己都可以看懂。

然后，他就会意识到："哦，我现在是身处一个古罗马帝国的旧殖民地。这个地方过去曾归意大利所有，就像今天的菲律宾一度曾为美国所有一样。这里的首批建筑物的设计建造者是意大利的建筑师，这里的首条道路的修建者是意大利的将军，这里的首部交通和商业法规都是由当时的官方语言——意大利语写的。"

因此，他开始感到无限感慨——这个国家不但是一个海岛，而且是大陆的一部分，拥有巨大的地理优势。

古代的罗马人凭借其幸运的地理位置，几乎征服了当时西方已知的整个世界。也因为这样优越的地位，意大利这个文明古国拥有了月光下的废墟、橘树、曼陀林音乐会和个性鲜明的农夫。同时，意大利由于火山喷发而闻名，因此还是一个"火山之国"。这个在火山喷发中诞生的国家，随时处于被"生身之母"扼杀的危险中。

每一个活到天年的意大利人（这是一件极其轻松的事情，在这个国家，开朗的笑声和文雅的言行已经成为人们的天性），在被恭敬地送进家族墓地之前，都曾亲身经历过一两次或大或小的地震。

在1905—1907年之间，地震仪（这是最可靠的仪器，我希望任何仪器都如此精确）报告的地震就达300次之多。1908年，地震将整个墨西拿摧毁了。假如你需要一些重要的资料（与文字相比，资料的说服力更大），下面这些与伊斯基亚岛（卡普里岛的对面）相关的地震记录，可以供你参考。

伊斯基亚岛发生过地震的年份是：1228年、1302年、1762年、1796 年、1805 年、1812 年、1827 年、1828 年、1834 年、1841 年、1851 年、1852 年、1863 年、1864 年、1867 年，1874 年、1875 年、1880 年、1881年、1883年……

几百万年火山喷发，导致好几层厚厚的凝灰岩将意大利辽阔的土地慢慢覆盖住。凝灰岩是一种由火山口喷发出来的火山灰构成的软质岩石，这种火山凝灰岩层的渗透性相当好，对整个半岛山形地貌的形成起了决定性的作用。

有些火山凝灰岩将至少4000平方英里的土地覆盖着，就连罗马城的那七座小山，也是由变硬的火山灰堆积而成的。此外，还有许多史前火山喷发造就的其他地质变化，从而让意大利的土壤层变得相当脆弱。

纵贯整个半岛的亚平宁山脉把这个半岛分成两部分，其主要组成物质就是石灰岩。这种石灰岩特别容易滑动、下陷，覆盖在年代久远且坚硬的岩层之上。古意大利人对于这种地面下陷的情况相当清楚，所以，就算不出现火山喷发，他们也会每隔20年，就将面积比较大的建筑物的边界进行一番勘察，为的是检查那些标明个人财产范围的界石是不是还在原地。

而对现在的意大利人来说，每当出现铁路变形、道路断裂或有石块从绿色山坡上的某个村庄滚落下来时，他们就会意识到，这是土壤的"滑动过程"——这一过程给人们带来的灾难是惨重的。

当你在游览意大利时，必定会惊异于坐落在高高的山顶上的大量的村庄。一般的理由是，早期的居民是出于安全的考虑，才搬到这种类似"鹰巢"的岩壁上居住的。可是，这种解释并不充分。

之所以选择远离水源充足的山谷和山下便利的交通要道，到相当不舒适的山顶上居住，最主要的原因是为了预防滑坡所造成的巨大危险。靠近山顶的地方，地表常常是古老的地质岩层，因而可以为人们提供一个永久且稳固的住所。而由石灰岩构成的山坡的地表，就像流沙一样不可靠。

1870年，意大利又一次实现统一。一旦结束其争取独立的斗争，将外国统治者驱赶到阿尔卑斯山脉的另一边，意大利人就开始了重整家园的奋斗历程，尽管那是一条宏伟的、艰难重重的道路。

首先，他们对波河流域给予了极大的关注，因为那里是整个半岛的大粮仓。

波河不如其他河流长。实际上，假如将"世界河流长度一览表"翻开，你就会发现，在欧洲，除了伏尔加河，其他河流都没有资格跻身世界长河的候选名单。波河位于北纬45°附近，长度仅为450英里，但是，其流域面积却达2.7万平方英里。尽管波河流域面积比不上其他几条大河，它却有着众多独特的个性。

波河全长5/6的河段均可以通航，同时，它也是世界上三角洲面积增长最快的大河。波河三角洲的面积每年要增加0.75平方英里，向前推进200英尺。假如这种状况始终持续下去，那么，在1000年以后，波河三角洲就会扩展到对岸的伊斯特拉半岛，威尼斯将处于湖中，一条宽7英里的大坝将使得它和亚得里亚海分隔开来。

大量沉积物被波河河水带入大海，一部分自然沉积于河底，进而形成了覆盖在河床上的厚达几英尺的坚硬物质。波河两岸的居民认识到，波河的河床不断升高，将导致洪水淹没周边地区，于是，他们开始修建堤坝。这项工程早在罗马时代就开始了。直到今天，他们仍在继续这项工作。

结果，与所流经的平原相比，波河的河面要高得多。在一些村庄，堤坝高达30英尺，波河的水面甚至和屋顶一样高。

波河流域还由于其他一些东西而远近闻名。很久之前（就地质学角度而言是不久以前），意大利整个北部平原都是亚得里亚海的一部分。现在深受游客欢迎的阿尔卑斯山脉的峡谷，在那时依旧是狭窄的海湾，就如同现代挪威山脉中的峡谷被海水淹没后形成的峡湾。

那时，冰川将欧洲大部分地区覆盖着，当然，当时阿尔卑斯山上的冰川比现在还要多。

于是，冰雪融水就顺着这些峡谷流了出去。冰川在沿着山坡下滑的过程中，将很多从山坡上滚落下来的岩石裹挟而下，这种岩石就是冰碛石。当两个冰川相遇时，两块冰碛石合二为一，成为体积是之前两倍的一块新的冰碛石——这就是我们所说的"中部冰碛石"；当冰川最终融化成水，被裹挟的这些岩石就得以存留下来，我们称其为"终极冰碛石"。

这些终极冰碛石，即地质学上意义上的"海狸水坝"——它们将峡谷的最上层和下层隔开。假如冰川时期继续延续下去，就会有源源不断的水流，从而让终极冰碛石成为极其渺小的屏障。不过，随着冰川的慢慢消失，水也越来越少了，终极冰碛石又比原先水位高出许多，于是就出现了湖泊。

包括马焦雷湖、科莫湖和加尔达湖在内的意大利北部所有的湖泊，均为冰碛湖。人类出现在那里后，开始进行农田灌溉，于是，这些冰碛湖就成了十分便利的蓄水池。

春天，冰雪开始融化，由于冰碛湖里有着大量的冰雪融水，假如这些冰雪融水在一个无湖的山谷里汇合，往往会形成极具破坏力的山洪。

在很早以前，波河大平原的居民就开始对于这些有利的地理环境加以利用。他们修建了运河，将流入波河的数百条支流连接起来。他们还修筑了堤坝，今天运河每分钟的水流量高达数千立方英尺。

加尔达湖因为吸纳了冰雪融水，其水位会升高12英尺，马焦雷湖的水位则会升高 15 英尺，而且，还会将更多的融水吸纳进来。这些水被一个简单的水闸系统控制着，人们可以按照日常用水的需求量对水闸进行调节。

波河流域是种植水稻的理想区域。1468 年，一位比萨商人将第一株水稻引入波河流域。今天，波河大平原中部最常见、最普遍的景观就是稻田了。此后，像玉米、大麻和甜菜等其他农作物也陆续被引入这个地方。虽然就降水量而言，这儿比意大利半岛的其他地区要少，可是，这块广袤的大平原却是整个意大利土壤最肥沃的地区。

这个地区不但将充裕的食物提供给人类，而且让女人们不为生计发愁。早在 9 世纪，拜占庭人就将养蚕所需的桑树从中国引入，并种植在波河流域。拜占庭位于罗马帝国的东部，直到 1453 年，它的主要城市君士坦丁堡被奥斯曼土耳其人攻占，随后，这个城市就成为奥斯曼土耳其帝国的首都，拜占庭帝国自此灭亡。

大量的热量是桑树成长必需的。伦巴第地区（实际上就是波河大平原）具有种植桑树最理想的环境。伦巴第人来自一个日耳曼部落，先是分布在易北河河口，后来迁徙到这个地方，在波河流域居住了相当长的时间。现在，这个地方从事丝绸业的人将近有 50 万，他们出产的丝绸远远超过家蚕的故乡（中国）的丝绸产品——欧洲人借助这些平凡的小虫子得到了最华丽的服饰。

无怪乎波河大平原的人口如此稠密。然而，波河流域早期的城镇建设者却与河流保持了一定的安全距离。这是由于他们当时的工程技术还不够先进，还无法将稳固的堤坝建造起来，而且，他们还对每年春涝后都会出现的沼泽充满恐惧之情。

唯一一座直接建立在波河上的重要城市就是都灵，它一度是萨伏依王朝①的家族领地。都灵的地势相当高，所以，不用担心洪水会把它淹没。

这一地区的首府是米兰，米兰这座城市位于波河与阿尔卑斯山之间，是圣哥达公路、辛普朗、小圣伯纳德、马洛亚和施普吕根山口等五条重要商道的交汇处。

维罗纳位于阿尔卑斯山的山脚下，是布伦纳山口的终点站——意大利与德国最古老的连接处之一就是布伦纳山口。克雷莫纳位于波河岸边，它因为是斯特拉迪瓦里、瓜奈里和阿马蒂这三大小提琴制作世家的故乡而闻名于世。帕多瓦、摩德纳、费拉拉和博洛尼亚（欧洲最古老大学之一的所在地）都和波河这条大动脉保持着相对的安全距离，同时又依靠它让自己的繁荣、发展起来。

威尼斯和拉韦纳是古代最浪漫的两个城市，它们具有相同的经历。威尼斯原本是难民的藏身之地，这座城市的街道就是总长度为28英里的157条河道。当时，那些难民认为自己居住的大陆不太安全，因此，将波河和其他一些小河冲积而成的这片泥泞的土地作为自己的定居地。

对他们来说，面对艰难的生活也远远好过面对欧洲民族大迁徙②所带来的威胁。这些难民一踏进这片土地，就发现波河流域的盐滩简直是遍地黄金，他们所要做的就是弯腰去捡。于是，他们垄断了盐业贸易，并让自己走上了快速的致富之路。此后，他们把茅草小屋变成了大理石宫殿；把自己的小渔船变成了可和战舰媲美的大商船。

---

① 萨伏依王朝（1003—1946），欧洲历史上著名的王朝，曾于1861—1946年掌握着意大利的统治权。

② 欧洲民族大迁徙，4—7世纪，因为匈奴人入侵欧洲大陆所触发的一连串民族迁徙运动。

在差不多300年的时间里，威尼斯人成为西方整个文明世界最主要的领导力量，也是最高傲的、最优雅的教皇、国王和苏丹。当哥伦布发现了通往印度的新航路（当然是自以为是的发现），并将平安归来的消息传到商业中心里亚尔托时，一片混乱出现了——股票和债券全部下跌了50点。从此以后，威尼斯变得沉寂下去。

威尼斯大力维持、保护的海上商贸通道，因此成为不值钱的失败投资。它的地位被里斯本和塞维利亚所取代，那里成为欧洲各国采购香料及其他来自亚洲、美洲的产品的地方。

后来的威尼斯成了"18世纪的巴黎"，众多富有的年轻人纷纷向威尼斯涌来，为的是可以接受上流社会的教育，或者在这里追求时尚、寻欢作乐。当狂欢节持续到顶点的时候，末日到来了。拿破仑不费吹灰之力就将这座城市占领了。

拉韦纳是波河淤积的泥沙造就的另一个城市。现在，它是一个内陆城市，一条长6英里的泥岸将它和亚得里亚海隔开了。它之所以从一个普通的小港湾成为一个城市，是由于像但丁和拜伦这样的名人曾在这个地方喝酒、消遣。

在15世纪，与现在的纽约相比，拉韦纳的地位要重要得多——它曾是拥有庞大卫戍部队的西罗马帝国的首都，也是当时拥有最大港口和丰富木材的主要海军基地。

早在404年，罗马皇帝就认为，罗马并不是一个安全的国家——蛮族的势力一天天强大起来。所以，为了更好地保护自己，让罗马人免受蛮族的突袭，他就将首都迁到了这座"海上之城"。从此以后，罗马国王及其子孙后代就在这个地方安居乐业、发号施令、谈情说爱，就如同你现在看到的那些镶嵌画一样。

当你静立于那些画有黑眼美女的美妙无比的镶嵌画之前，你会想到，这个女人是以君士坦丁堡滑稽戏院舞女的身份开始她的传奇生活的，后来，在她死时，却得到了一个十分圣洁的名字——狄奥多拉——她就是著名的查士丁尼一世大帝所深爱的王后。

后来，哥特人侵扰了拉韦纳，将其变成了新建立的帝国的首都。接着，环礁湖的水涨满了。后来，威尼斯和教皇开始了拉韦纳的争夺之战。再后来，拉韦纳短时间内成为可怜的流犯但丁的家园——但丁曾为他的故乡佛罗伦萨做出了重要的贡献，却没想到自己获得的奖赏竟然是上火刑架！于是，他就在拉韦纳附近著名的松林里度过了自己的余生。在他死后没多长时间，这座古老的著名城市也随之消失了。

我还要就意大利北部多说几句。意大利虽然没有煤矿，不过水力资源极其丰富。第一次世界大战爆发时，意大利的水利工程正处于初建期。在此后20年里，你将会发现，这种廉价的电力得到极大的发展。

在西部，利古里亚－阿尔卑斯山将波河大平原和地中海分开。同时，它也将亚平宁山脉和阿尔卑斯山脉联结起来。这座山的南部，因为北方寒风根本不会对它造成侵袭，于是孕育了欧洲著名的冬季度假胜地里维埃拉。

里维埃拉是整个欧洲人的冬季娱乐场所，或者更准确地说，这里仅仅是可以付得起长途路费和昂贵宾馆费用的欧洲有钱人的度假胜地。热那亚是这个地区的首府。作为现代意大利的一个重要港口，热那亚拥有最雄伟的大理石宫殿——这些宫殿是热衷于同威尼斯争夺近东殖民地的热那亚权贵们留下的。

阿尔诺河平原，位于热那亚的南部。佛罗伦萨东北25英里的山区，是阿尔诺河流的发源地，它蜿蜒流过佛罗伦萨市中心。中世纪，佛罗伦萨将基督教世界中心的罗马和欧洲各国的交通要道连接起来；此外，佛罗伦萨还充分利用自己优越的商业位置，使自己成为整个西方世界最重要的金融中心。特别是美第奇家族（从事金融行业），这个家族在商业方面展现出了无与伦比的才华。最终，他们不但成为托斯卡纳地区的世袭统治者，而且，还把自己的家乡佛罗伦萨发展成15—16世纪欧洲最著名的艺术中心。

1865—1871年，新的意大利王国的首都是佛罗伦萨。后来，尽管它的重要性略有下降，但它还是充满了令人向往的魅力。那些富有的、品位高尚的人，真应该去那里感受一番纸醉金迷的奢侈生活。

阿尔诺河在流淌过一片美丽的土地后就汇入了大海，而河口附近的两个城市却没有多少历史价值。

一座著名的斜塔位于比萨城，它的形成原因是建筑师在建造地基时的粗心大意，不过，它却为伽利略研究落体定律提供了相当大的帮助。里窝那是另一座城市，莫名的，它就被英国称为"来亨"。而它之所以被人们记住，主要是由于大诗人雪莱于1822年在它的附近溺水而亡。

从里窝那出发，顺着和海岸线平行的古老马车驿道和现代铁路线南行，游客可以在匆忙间看一眼厄尔巴岛（这里是当年拿破仑的流放之地，后来，他从这个地方突然返回法国，不过没多久就走上滑铁卢的不归路）后，就来到了台伯河平原。

在意大利语中，著名的台伯河，也叫作特韦雷河。这条河流速缓慢，水是黄褐色的。它让人们想到了美国的芝加哥河，但它并没有芝加哥河那般宽阔；它还令人想到柏林的施普雷河，但它并不像施普雷河那般清澈。

台伯河的发源地是萨宾山。很久很久以前，那里是罗马男子抢亲的地方。史前时代，台伯河河口与罗马西部相距仅仅12英里。从此以后，台伯河河口又增加了2英里——台伯河和波河一样，是了不起的"泥沙携带者"。然而，台伯河平原不同于阿尔诺河平原。虽然就面积而言，阿尔诺河平原要小于台伯河平原，不过，它却比台伯河平原更肥沃、更丰饶，相反，台伯河平原虽然更加辽阔，却贫瘠、荒凉，而且是疾病的滋生地。

正是生活在台伯河平原的中世纪移民创造了英语"疟疾"一词。这些人坚定地认为，那种一旦让人染病就高烧不退的发热病的罪魁祸首就是"污浊的空气"。因为出于对疟疾的惧怕，每逢太阳下山，台伯河平原的居民就会将门窗紧闭，让家里密不透风。不过，这种预防方式导致了一个相当严重的后果，那就是将小蚊子也一起留在屋里了。然而，直到30年前，我们才发现蚊子和疟疾之间的关联，所以，我们不应对先人们的愚昧无知妄加指责。

在罗马帝国时代，著名的坎帕尼亚平原是一片平坦之地。这个地方的沼泽被排干后，人口慢慢增加。但是，这个平原因为直接朝向第勒尼安海，海岸边几乎没有任何防御设施，所以，当罗马的统治者消失之后，活跃在整个地中海地区的海盗就将这里当作了理想目标。于是，城镇被摧毁了，农田荒芜了，排水渠也被废弃了。无数的疟蚊在死水塘中滋生。

可以毫不夸张地说，整个中世纪直至如今，人们对从台伯河河口到奇尔切奥山附近的蓬蒂内沼泽地区域避之惟恐不及，假如有人不幸一定要从那里经过，那也必定是快马加鞭，飞驰而过。

疑问随之产生了，这座古代世界最重要的城市为什么会选择一个疫病肆虐的地方修建呢？这其中的原因究竟是什么？为什么圣彼得堡要建在沼泽上，为此要将那儿的污水排干，就算是为此付出成千上万的生命代价也在所不惜？为什么马德里要在方圆数百里荒无人烟的高原上建城？为什么巴黎要坐落在一个常年被雨水浇淋的盆地谷底？

我不清楚答案。也许，所有这一切都是机遇和贪欲的结合；也许，所有这一切都是政治预见掩盖下的诸多失误。也许，所有这一切只是机遇或贪欲。因为我所写的并非哲学书，所以，对这些问题就不再深究了。

总之，人们坚持将罗马建在那里，无论那里夏季如何炎热、冬天如何寒冷，这种气候对健康是如何不利，也无论那里的交通是如何不便利。然而，这座城市还是发展成一个世界性帝国的中心和一个全球性的宗教圣地。

在这样的情形下，原因绝不仅仅是一种，而是有成百上千种丝毫不会重复又相互关联的解释，当然，这本书不会对此进行解释，因为，假如想将最终的谜底揭开，最少还要写出三大本厚重的作品才行。

我也不会将更多的笔墨花费在介绍罗马城上——我无法以客观、公正的态度对这个号称"东半球不朽之城"的城市进行评价。这也许是因为我们那些极具反叛精神的祖先们，从耶稣诞生前50年到公元1650年，始终和与罗马相关的所有事物背道而驰的缘故。

身处古罗马广场的废墟上，我原本应该黯然神伤，可是，我所看到的仅仅是一些名为将军与领袖的流氓和骗子的雕像，这些人对整个欧洲大陆和亚非大部分地区进行恣意地掠夺。这帮家伙将一些道路留在那些地区，而这些大道好像也成了见证他们在那里犯下滔天罪行的永久证明。

当我站在那座纪念圣彼得与殉难者的大教堂前，我原本应该心怀敬畏之情，可是，我只是感到深深的惋惜之情。这座极其普通的教堂，仅仅比同类建筑略大一点儿，却耗费了数不清的钱财。相反，我对佛罗伦萨和威尼斯的和谐、热那亚的文化则心怀崇敬之情。

当然，我也明白，这种感受仅仅是我个人的。任何一个像彼特拉克①、歌德这样的有成就的人，在第一眼看到伯拉孟特②设计的穹顶时，都会流下悲哀的眼泪。我们还是不要再说这些了。我可不想将你对城市的鉴赏力破坏殆尽，因此，还是请你自己去亲身体会吧。

我特别提一下，从1871年开始，罗马就成了意大利王国的首都，而梵蒂冈则成为这座城市的城中之城。1870年9月，是这个教皇之国的灾难之秋，意大利王国军队开进梵蒂冈，并且颁行了一项法令，宣布梵蒂冈城从此以后处于罗马的统辖之下，同时将梵蒂冈教皇的绝对统治权予以取消。

直到1930年，梵蒂冈城才得以重回教皇手中，教皇长期以来被剥夺的最高统治权也得以恢复。

接下来，我们去另外一个直到今天还是整个半岛人口数量最多的城市。这个城市是地理与历史相结合的奇特产物，为此，我们又一次感到疑惑不解："到底是什么原因，让这个拥有诸多地理优势的城市令位于干涸河道上的罗马难以取代呢？"

那不勒斯面朝大海，坐落在一个优良港湾的前沿。它比罗马城历史悠久，而且，城市四周的土地原本就是意大利西海岸最肥沃的。希腊人是那不勒斯的最早建立者，他们想安全地和亚平宁山脉中的野蛮部落做生意，于是，将与大陆保持着一定安全距离的伊斯基亚岛作为贸易的场所。不过，伊斯基亚岛实际上也并不安全——火山爆发、大地震不时地袭扰着此地。所以，希腊人只好回到了大陆。

此后，由于移民之间经常发生难以避免的摩擦（这些人背井离乡又被贪婪的总督欺凌，因此他们的脾气都很坏），最终发生了内

---

① 彼特拉克（Francesco Petrarca, 1304—1374），意大利学者、诗人，被认为是"人文主义之父"，与但丁、薄伽丘齐名。

② 伯拉孟特（Donato Bramante, 约1444—1514），意大利文艺复兴时期著名建筑师。

乱，三四个居住区（听上去和美国建国时一样）被毁灭了。此时，一批新移民认为应该从头开始，于是，一个城镇被慢慢建立起来。他们称这个城镇为"新城"（或者"那波利斯"），后来，这个名字就慢慢变成"拿波里"（或英语中的"那不勒斯"）。

当罗马还是一个牧羊人居住的小村子时，那不勒斯已经发展成一个繁荣的商业中心了。而那些牧羊人必定具有杰出的管理才能——在公元前4世纪时，那不勒斯就已经和罗马"结盟"了。"结盟"一词听上去让人觉得舒服一些，不像"臣服"那么刺耳，不过，这两个词所描述的真正关系却是一样的。从此，那不勒斯就成了二流城市，后来，这里又遭到蛮族肆意地践踏，最终成为西班牙波旁王室的囊中之物。

虽然是这样，那不勒斯还是凭借其无比优越的自然条件，成为欧洲大陆上人口最稠密的城市。这些人是怎么生活的呢？无人知道，也无人关注。直到1884年那不勒斯霍乱肆虐时，意大利王国才只好将这个地方的房屋进行清理。好在，清理工作做得井然有序。

这座奇迹之城的东南面，就是极具观赏价值的维苏威火山。维苏威火山是在已知的所有火山中喷发最利落、最有规律可循的。这座活火山高4000英尺，众多美丽的小村庄在四周围绕着它。这些村庄盛产著名的"基督之泪"，这是一种独特的烈性葡萄酒。

早在古罗马时代，这些村民的先人就在这里生活着。是啊，这里又怎么会不适宜居住呢？维苏威火山早已熄灭了。在人们的记忆里，它已经近1000年不曾喷发了。公元63年，它的内部曾产生了轻微的颤动，不过，这些小小的颤动对于意大利这个国家而言是微不足道的。

然而，16年后，这座火山让整个世界震惊了。在两天之内，厚厚的火山岩浆与火山灰将赫库兰尼姆城、庞贝城和另一座更小一点儿的城市彻底覆盖了——它们彻底地从地表上消失了。

从此以后，至少每隔100年，维苏威火山就会向人们显示种种迹象：自己并未熄灭。新火山口比原来增高了1500英尺，而且不断地向外喷吐着浓烟。1631年、1712年、1737年、1754年、1779年、1794年、1806年、1831年、1855年、1872年、1906年等，最近300年的火山喷发统计资料显示，那不勒斯或许会成为第二个庞贝城。

从那不勒斯南下，我们到达了卡拉布里亚地区。这一地区由于距离国家的中心太远而发展缓慢。虽然这一地区和北方有铁路相连，不过卡拉布里亚沿海地区疟疾横行，中部地区满是花岗岩，所以，当地的农业生产水平始终和古罗马共和国时期那样原始。

卡拉布里亚地区与西西里岛之间是墨西拿海峡，这是一条狭窄的海峡，仅有一英里多宽，古时候，这里因为斯库拉大漩涡和卡律布狄斯大漩涡这两个大漩涡而闻名遐迩。据说，如果航船偏离了航道半码，这两个大漩涡就会将它们吞没。我们由人们对大漩涡的恐惧而看到古代的航船是如此渺小、无力，好在，现在的机动船则可以相当轻松地穿越这些大漩涡的中心，丝毫不必在意水中的动静。

就西西里岛而言，优越的地理位置让它顺理成章地成了古代世界的中心。而且，这个地方气候宜人，人口稠密，土壤肥沃。不同于那不勒斯，因此这里的生活太过优越、太过轻松、太过舒适，于是，在2000多年的历史里，对于外来统治者施加的种种压迫和不幸，西西里人始终默默地忍受着。

在历史上，他们曾被以下人奴役和折磨：腓尼基人、希腊人、迦太基人（他们与非洲北海岸相距仅100英里）、汪达尔人、哥特人、阿拉伯人、诺曼人、法兰西人，以及因这座幸福的海岛而得名的120位王子、82位公爵、129位侯爵、28位伯爵、356位男爵。

当被奴役和折磨的日子结束后，西西里人开始对那些被埃特纳火山摧毁的房屋进行整修。1908年，一场火山喷发将西西里岛最重要的城市墨西拿彻底摧毁，75，000人死亡。至今，这次火山大喷发仍铭刻在当地人的脑海中。

马耳他就像西西里岛的一个郊区，所以，我应该在这里略作介绍，不过，就政治角度而言，它并不是意大利的一部分。马耳他岛土地肥沃，恰好位于西西里和非洲海岸中间。它将由欧洲经苏伊士运河前往亚洲的贸易通道牢牢地掌握在手中。

十字军失败后，圣约翰骑士以馈赠的方式获得了马耳他岛的所属权，所以，这些骑士就自称马耳他骑士。1798年，拿破仑在取道埃及和阿拉伯（这是一个极具独创性的军事计划，不过结果还是失败了——埃及和阿拉伯的沙漠之浩瀚远超他的想象），把英国人从印度赶出的途中，将马耳他岛占领了。两年后，英国人将马耳他岛再度夺回，从此以后就赖在那里不走了。

为此，意大利人悔恨万分，不过，马耳他人却一点儿也不在意。因为总体来说，他们过着相当不错的生活，假若由本国人组成的政府来管理，他们的生活就未必比今天好。

我不太关注意大利东部沿海地区，原因是这里不是很重要。首先，因为亚平宁山脉一直延伸到海边，此地因而无法形成大规模的居住区。其次，因为亚得里亚海另一边的海岸、山崖过于陡峭，无法居住，所以，这个地方的贸易也不发达。由北部的里米尼到南部的布林迪西（邮件从此这里出发可以送达非洲和印度），也没有任何重要的港口。

普利亚位于意大利的"靴跟"处。和卡拉布里亚一样，普利亚地区也和文明中心相距甚远，因此饱受痛苦；而且其农业水平和卡拉布里亚一样低，生活在那里的人们依旧沿用着汉尼拔教给他们的农业方式。布匿战争时，他们苦等迦太基人伸出援助之手，为此等了12年，然而，迦太基人最终不曾到来。

塔兰托是世界上最好的天然良港之一，它就位于普利亚地区，然而，此地却没什么访客。这个地方生活着的一种剧毒蜘蛛也叫"塔兰托"，一种被毒蜘蛛咬伤后跳的舞蹈的名字也是"塔兰托"。据说，被毒蜘蛛咬伤的人会于睡梦中进入致命的昏迷状态，而塔兰托舞就可以防止此种情况的发生。

地理分布因世界大战而变得更加复杂。谈到现代意大利，伊斯特拉半岛是一定要提的，原因是这个半岛是一个奖品，它被奖给了在大战中背叛自己的同盟国①、加入协约国②的意大利人。的里雅斯特市一度是奥匈帝国的重要出口港，因为丧失了大片内地贸易供应区，现在已经渐渐衰落。阜姆港位于克瓦内尔湾的最里面，一度是哈布斯堡家族的领地。因为整个亚得里亚海岸再也不存在其他优良的港口了，于是，阜姆就成了日耳曼人天然的出海口。

意大利人考虑到阜姆或许会成为的里雅斯特港的竞争对手，于是，要求取得这个港口的所有权。商谈《凡尔赛和约》③的其他各国拒绝了意大利的这一要求，意大利人干脆想抢过来，或者更准确地说，是大诗人邓南遮④帮自己的祖国抢到了这个港口。于是，协约国无奈之下，只好将阜姆港裁定为一个"自由港"。最终，在与南斯拉

---

① 同盟国，第一次世界大战时建立的国家联盟。参与该联盟的国家主要有德意志帝国、奥斯曼帝国、奥匈帝国等国家。
② 协约国，第一次世界大战中以英国、法国、沙皇俄国为主的国家联盟。意大利开始是同盟国一员，1915年5月加入了协约国。
③ 《凡尔赛和约》，即《协约国和参战各国对德和约》，是第一次世界大战后战胜国（协约国）对战败国（同盟国）的和约，该和约的签署标志着第一次世界大战正式结束。
④ 邓南遮（Gabriele d'Annunzio，1863—1938），意大利著名诗人、小说家、剧作家，代表作有《玫瑰三部曲》等。1919年曾率军占领了阜姆。

夫经过旷日持久的谈判后，意大利得到了阜姆港。

　　尽管撒丁岛的面积相当大，不过，因为它的位置偏远，人口稀少，是以，它的存在常会被我们忘记。然而，撒丁岛的确就在那里，它是欧洲的第六大岛，面积是10,000平方英里。它是史前亚平宁山脉的最远端，背靠大陆，众多天然良港位于其西海岸，而它的东海岸遍布陡峭、危险的崖壁，没有方便上岸的地方。

　　在过去200年的历史中，撒丁岛在意大利充当着一个有意思的角色。1708年之前，它归西班牙。随后，它又落到了奥地利人手中。1720年，奥地利人用它交换了西西里岛。当时，西西里岛是归萨瓦公爵所有的，他的公国首府就在波河流域上的都灵。

　　之后，萨瓦公爵骄傲地宣称，自己是撒丁国王（由公爵晋升为国王是其中至为关键的一步）。这就是用撒丁岛命名的王国慢慢发展为现代意大利王国的过程。可是，在十万个意大利人中，恐怕也没有一个见过撒丁岛。

第10章 西班牙

非洲和欧洲文明的交锋之地

伊比利亚半岛上的人民因其最鲜明的"民族"特性而闻名。西班牙人的"民族"特征是那样明显，以至于无论在哪里、在什么环境下，你都可以从他们的民族自豪感，彬彬有礼的言行，自尊和庄重的态度，弹吉他和打响板的技艺中将其辨别出来。

或许，就西班牙人而言，他们弹吉他和打响板的水平，真的可以如同骄傲和自尊一样轻松地表明其身份。可是，我对此感到怀疑。西班牙人之所以喜欢弹吉他和打响板，是因为西班牙的气候温暖、干燥，因而他们可以经常使用室外乐器而已。

如果美国人和德国人也具备如此条件，他们一定会比西班牙人弹得更好。他们之所以不像西班牙人那样经常弹吉他、打响板，是由于他们居住地的气候造成的。

在暴雨不断的寒冷的柏林之夜，你是无法打好响板的；同样，当你手指冻得颤抖时，你也无法将吉他弹好。至于他们的自尊、骄傲，以及彬彬有礼的"民族特性"，不正是数百年来经过严格的军事训练得到的吗？

从地理上来说，西班牙不但是欧洲的一部分，而且是非洲的一部分，他们的军事生活不正是这种地理特征的直接产物吗？所以，难道这里不该注定成为欧洲人和非洲人的战场，直到分出胜败吗？

是的，那些征战最后的获胜者是西班牙人。可是，他们却因为长期以来的战斗生活而在自己身上烙下了深深的印记。

假如西班牙人的摇篮位于哥本哈根或者伯尔尼，他们会成为什么样的人呢？他们极可能成为普通的丹麦人或者瑞士人。他们会放声高歌，但不再打响板了——高山峡谷的悬崖峭壁会造成美妙的回音，进而将人们引吭高歌的兴趣激发出来。

他们将不再依赖干瘪的小面包和酸酒而生存，也无须花费无限的精力和耐心去蒔弄荒芜的土地（非洲和欧洲的冲突常常造成土地荒废），而是吃更多的黄油——这样一来，他们的身体才可以抵御住北欧潮湿气候的伤害：他们会喝蒸馏酒——充足而又廉价的粮食可以让全体人民把这种酒当成生活中不可或缺的饮料。

现在，我们来看看地图。你必定还记得希腊和意大利的山脉吧。在希腊，山脉是呈对角线状纵贯全境的。在意大利，山脉是呈直线状将南北贯穿，将全国分为两部分，不过，又在两边留下了足够的余地，为的是修建足以把全国各地连接起来的公路；亚平宁半岛与欧洲大陆在广阔的波河平原的帮助下连为一体，使意大利成为欧洲的一部分。

而山脉在西班牙是水平走向的，人们几乎可以将山脉看作可见的纬线。假如你想了解这些山脉在西班牙有序的发展过程中是如何扮演阻碍者的角色的，只要看一下地图就可以了。我们就从比利牛斯山脉开始吧。

比利牛斯山脉长达240英里，由大西洋一直伸展到地中海。这些山因为不像阿尔卑斯山脉那样高，所以，从山口翻越过去似乎相当轻松。不过，事实并不是这样。尽管阿尔卑斯山脉非常高，但它的山体异常宽阔——尽管山路很长，但它的坡度十分平缓，所以，行人和货运马车不会有太多的困难。

比利牛斯山脉的宽度仅60英里，如此一来，就路人而言，它的山口就过于陡峭了。经验丰富的旅行者经常会说，想要翻越这些山口非常难，就算是强壮的骡子也很难做到。

训练有素的登山者（大多为职业走私分子）如想翻越这些山口，也只能是在夏季的几个月里。修建连接西班牙和世界其他地方铁路的工程师充分认识到这一点，所以，他们修建的两条铁路都是沿海岸线分布的：一条是巴黎－马德里铁路，是顺着大西洋海岸线修建的；另一条是巴黎－巴塞罗那铁路，是顺着地中海海岸线修建的。

在阿尔卑斯山脉，有六条铁路是翻山越岭或是穿山而过的，而在比利牛斯山脉由西部的伊伦到东部的菲格拉斯，却没有一条穿山隧道。要知道，没人能开凿出一条60英里长的隧道，也没人敢把火车开到40°的斜坡上。

幸而，在比利牛斯山脉的西部有一个山口，行人可以轻松地通过，那就是著名的龙塞斯瓦列斯山口。当年，罗兰德，这位查理大帝①赫赫有名的十二骑士之一，为了忠诚地执行主人的命令，不惜和撒拉逊人战斗到最后一刻，最终就是在这里英勇献身的。

700年后，由法兰西人组成的另一支军队，将这个山口当作闯进西班牙的大门。他们在翻越过这个山口后，却因为控制着山脉南部通道的潘普洛纳城的阻挡而停下了前行的脚步。在攻城战中，一位名叫依纳爵·罗耀拉②的西班牙士兵的腿部受了极严重的枪伤。于是，他在疗伤期间萌生了一些想法——著名的基督教组织耶稣会③，就是他创建的。

后来，相比于其他宗教组织，甚至相比于那些坚韧不拔的到四方游说的方济各会修道士，耶稣会做了更多事情。也可以说，这个组织对众多国家的领土变迁产生了极大的影响。就是在这里，他们开始了自己的工作，保卫比利牛斯山脉西部唯一一个可以翻越的山口。

毋庸置疑，正是由于比利牛斯山脉这座难以翻越的天然屏障给了著名的巴斯克人绝佳的机会，也让位于比利牛斯山脉东部高山之

---

① 查理大帝(Charlemagne, 742—814)，法兰克王国加洛林王朝国王，神圣罗马帝国的奠基人，将囊括西欧大部分地区的庞大帝国建立起来。

② 依纳爵·罗耀拉（Ignacio de Loyola, 1491—1556），天主教耶稣会创始人，罗马天主教圣人之一。他在罗马天主教会内进行改革，并对抗由马丁·路德等人所领导的宗教改革。

③ 耶稣会，天主教修会之一，教育与传教是其最主要的任务。

巅的安道尔公国始终能保持独立。大约7，000，000巴斯克人居住在一个呈三角形的地区。这个地区北起比斯开湾，东达西班牙纳瓦拉省，西抵桑坦德市和埃布罗河的洛格罗尼奥市。

巴斯克一名的意思，和英语中"吹嘘者"相同，不过，它和著名的达达尼昂①的密友没有一点儿关系。罗马统治者将巴斯克人称为伊比利亚人，并用伊比利亚半岛来称呼整个西班牙。巴斯克人自己则骄傲地宣称他们是欧斯卡尔杜纳克人。这个名字听上去并非像欧洲人，反而更像因纽特人。

一些以头盖骨和喉骨作为对象来研究种族起源的学者认为，巴斯克人与柏柏尔人相关。我在前几章曾说过，史前欧洲最早的部落之一柏柏尔人，是克罗马农人的后代。还有一些学者认为，巴斯克人是幸存者，就是那个神奇的亚特兰蒂斯岛在沉入海底前，逃到欧洲大陆的幸存者。另外一些学者则认为，巴斯克人一直以来都没有离开过现在的居住地，所以，无须对其来源加以探究。

无论真相怎样，巴斯克人一直和外界保持着一定的距离。巴斯克人十分勤劳，他们多是优秀的渔民、水手和铁匠。曾经有十多万巴斯克人迁移到了南美洲。他们默默地从事着自己的工作，本分地生活着，尽量让自己不惹人注目。

维多利亚市是巴斯克人最重要的城市。它是由6世纪的一位哥特国王建立的，在这里，曾发生了一场著名战役。在这场战役中，爱尔兰人阿瑟·韦尔斯利（其英文名字是威灵顿公爵），将科西嘉人将军拿破仑（他更著名的头衔就是法国皇帝）率领的军队打败。拿破仑及其军队被永远地赶出了西班牙。

---

① 达达尼昂（D'Artagnan），大仲马小说《三个火枪手》中的主人公，路易十三的第一任警卫军队长和火枪手副队长，后被提拔为大元帅。

至于安道尔，这是一个奇怪的小公国，居民仅有5000人，与外界相连的唯一途径是一条马道。作为中世纪诸多小国中唯一的幸存者，它之所以可以始终维持着独立，是由于作为前沿据点，他们心甘情愿地为远方的君王提供有价值的服务。另一方面，也由于它和外面喧嚣世界相隔太远，所以，一点儿也无法引起别人的注意。

安道尔公国首都的常住居民是600人，不过安道尔人和冰岛人与圣马力诺人一样，按照自己的意愿管理国家。与我们开始执行民主制度相比，这种管理国家的方式要早八百年。这是一个历史悠久的共和国，它至少值得人们表达同情和尊敬。

八百年无疑是一段相当漫长的历史——想一想，八百年后，我们将在什么地方呢？

此外，比利牛斯山脉也和阿尔卑斯山脉存在着极大的差别。这里并没有冰川。从前，厚厚的冰雪也曾覆盖着比利牛斯山脉，然而，至今，这儿仅仅有几平方英里的冰川。

西班牙境内的每一道山脊都是这样的——它们陡峭险峻，难以翻越。就算是在安达卢西亚山脉南边的内华达山的山峰上，也仅仅在每年10月至次年3月间存在着少量的积雪。

西班牙的河流受着比利牛斯山脉走向的直接影响。这个地方或靠近中部荒凉的高原，是西班牙所有的河流的发源地。

西班牙的河流水流湍急，瀑布众多，所以，它们没有用作商贸通道的价值。加之这个地方漫长干燥的夏季，使大多数河流的水量骤减，在马德里，每年至少有5个月的时间，曼萨纳雷斯河的河床是孩子们理想的河滩乐园。

这就是我之所以不想将这些河流的名字写下来的原因。当然，位于葡萄牙首都里斯本的塔古斯河不在其中。

塔古斯河的航道和西班牙与葡萄牙的边境线几乎等长。埃布罗河位于西班牙北部，这段河道由纳瓦拉至加泰罗尼亚，河面上只能让小型船通行，而大型航船在相当长的一段路程里，仅能在与埃布罗河平行的一条运河中航行。

把塞维利亚市与大西洋连接起来的是瓜达尔基维尔河，它可以让吃水小于15英尺的船只通行。而瓜达尔基维尔河位于塞维利亚到科尔多瓦之间的河段，也仅能供小船通航。

科尔多瓦曾是摩尔人的首都，在基督教徒将其占领之前，这座城市拥有至少900个公共浴场；被占领之后，该市的人口数量由20万锐减到5万，公共浴场由900个降为零。过了这段河道，瓜达尔基维尔河就像西班牙大多数河流那样，成了峡谷河（和美国的科罗拉多河一样）。这些峡谷河严重阻碍了陆上贸易，对沿河地区的水上贸易发展也没有起到任何作用。

所以，总体来说，大自然对西班牙十分严苛、无情。西班牙的中心区域被一大片高原占据，而这片高原又被一座低矮的山脉分成两部分——瓜达拉马山脉就是这道分水岭，分水岭以北就是旧卡斯蒂利亚，以南就是新卡斯蒂利亚。

卡斯蒂利亚的意思是"城堡"，这是一个极好的名字。然而，它也和西班牙雪茄烟一样，不过是外表看着光鲜而已。在卡斯蒂利亚，放眼望去，满是贫瘠的土地。

谢尔曼①将军率军进入佐治亚州之后曾说，如果一只乌鸦打算飞过谢南多厄河谷，它一定要随身带上充足的口粮。谢尔曼将军在这里无意中引用了古罗马人在两千多年前说过的一句话——假如一只夜莺打算飞越卡斯蒂利亚，那它一定要自带水和干粮，不然就会饥

---

① 威廉·谢尔曼（William Tecumseh Sherman，1820—1891），美国南北战争中的北军将领。1864年5月，他率军攻克了佐治亚州的政治经济中心亚特兰大。

渴而死。这片高原周围的群山是如此高耸，以至于从大西洋和地中海飘来的云层都被阻挡在这片不幸的高地之外。

结果，卡斯蒂利亚在一年之中要经历9个月地狱般的日子，而余下的3个月则彻底暴露在干燥的寒风中。狂风从这片广阔的荒原上无情地呼啸而过，甚至唯一可以在这个地方生存下来的山羊都不曾感到过舒适。草是卡斯蒂利亚高原上唯一的植被，这种草或许是细茎针草，也或许是羽穗草。不管是哪种草，它们都十分坚韧，可以用来编织篮子。

西班牙人将这块台地的大部分区域称为梅塞塔（即我们所说的"平顶山"的意思），这一区域既像平原，又像普通的沙漠。正是由于这一特点，西班牙和葡萄牙面积尽管大于英格兰，人口却仅为英伦三岛的二分之一。

如果你打算深入了解与卡斯蒂利亚地区的贫苦相关的情况，那么，我建议你最好去阅读塞万提斯的作品。你或许还记得那位主人公——那位"机灵的西班牙下级贵族"——堂吉诃德·德·拉·曼查（堂吉诃德的全名）。

事实上，曼查是一片贫瘠的荒野，位于西班牙古老的托莱多市附近，和其他内陆沙漠一样散落于卡斯蒂利亚高原上，直到现在，它还屹立在这里。对西班牙人而言，这是一个不祥的词语——这个词在阿拉伯语中的本意就是"荒凉"。没错，可怜的堂吉诃德，其实就是一位地道的"荒野贵族"。

在西班牙这样的国家里，大自然不但吝啬而且顽固，人们或者拼尽全力艰苦奋斗，使得大自然为其提供生存所需，或者选择像普通的西班牙人那样，将全部家当放在小毛驴的背上到处流浪。这让我们看到了导致人类最大悲剧的根源之一——不幸的地理环境。

800年前，摩尔人是西班牙的所有者——这不是伊比利亚半岛首次受到外族侵略，由于西班牙蕴藏着丰富的珍贵矿产。要知道，在2000年前，铜、银和锌与现在的石油同样重要。各国的军队一旦发现哪里有铜、银和锌，就会到哪里抢夺。

当两大军事阵营将地中海地区瓜分之后，闪米特人（属于迦太基人，生活于腓尼基人的殖民地，对附属国实行残酷的剥削）与罗马人（和闪米特人不存在种族关系，不过在对待附属国上同样残忍）用掷铅骰子（铅早期的主要用途之一，用途就是更好地掷骰子）的方式决定世界财富归谁所有时，西班牙就注定成为他人嘴里的肥肉了。

和现代的许多国家一样，因为拥有丰富的自然资源，西班牙替自己招来了不幸，于是，它变成了两个有组织的强盗争夺财富的战场。

当这两帮强盗前脚才离开，西班牙又变成北欧蛮族计划入侵非洲的一座便捷的大陆桥梁。

公元7世纪早期，一个骑骆驼的阿拉伯人穆罕默德胸怀大志，统率一大批沙漠部落，走上了漫长的夺取世界统治权的战争之路。100年后，他们占据了整个北非，然后打算把欧洲也一举拿下。

公元711年，塔里克率战船向著名的猴子岩（欧洲唯一一处猴子可以在野外生存的地方）驶去，军队没遇到任何抵抗，就顺利地登上了直布罗陀海峡附近的塔里克巨石。从此以后，这个当年被大力神赫拉克勒斯开辟出来的海峡，以及古老的赫拉克勒斯之柱，就归穆罕默德所有了。

西班牙人未曾对阿拉伯人的这次入侵进行抵抗吗？不，他们已经用尽全力了。然而，西班牙的地理环境让其采取一致的行动遭到了阻碍——平行的山脉和深谷中的河流将整个国家分隔成众多独立的小方块。

　　人类自历史和地理中获得的明确的规律很少，不过，请记住下面这个：氏族凝聚力的孕育之地，正是像西班牙这样的国家。现在看来，氏族凝聚力的确存在一定的好处。它让同一氏族的成员相互忠诚，并对氏族的利益保持绝对的忠心。可是，我们由苏格兰和斯堪的纳维亚那里获得以下证明，所有经济合作与国际组织致命的大敌，就是氏族制度。

　　岛上居民从来都被看作是"与世隔绝的"，他们只关心自己小岛上的事，对其他任何事情漠不关心，不过，他们至少可以同邻居和平共处地坐在同一艘小船上，共同度过一个下午，或者携手营救一艘沉船的船员，听船员讲述外面的事情。

　　然而，一个住在山谷里的人处于几乎不可逾越的大山的包围下，世世代代与世隔绝，除了自己和邻居之外，他不会认识其他人，山谷中的所有的人都是如此。

　　穆斯林之所以可以将西班牙征服，是因为尽管这些摩尔人是沙漠来的，是严格的"种族"观念的忠实信徒，不过，在一些强大领袖的号召和率领之下，他们可以出于一个共同的民族目标而放下自己的私心，团结起来，共同作战。

　　相反，西班牙的每个氏族却仅仅为自己而战，他们彼此之间的仇恨和对共同外敌的仇恨同样强烈（甚至更强烈），因此，这些服从一个领袖的穆斯林终于将他们赶出了自己的家园。

　　这场西班牙人为了争取独立而爆发的战争，一直持续了700年。在这漫长的岁月里，那些北方基督教小国之间持续地进行着斗争，纷纷对对方的背信弃义和违约行为进行声讨。然而，这些小国得以幸存下来的原因，竟然是比利牛斯山脉——这道天然的屏障。假若敌人越过这道屏障，再想撤回来时，就一定会和法国发生冲突。而法国的查理大帝始终保持着模棱两可、不置可否的姿态，始终对于这些小国采取置之不理的态度，任由它们自己决定自己的命运。

就在这时，西班牙的南部被摩尔人变成了一个名副其实的花园。这些从沙漠而来的人对于水格外珍惜，他们也格外喜欢那些在家乡少见的花卉树木。于是，摩尔人修建了庞大的灌溉工程，将橘树、椰枣树、扁桃树、甘蔗和棉花引种进来。他们将瓜达尔基维尔河的水利资源充分利用起来，将科尔多瓦到塞维利亚的山谷改造成了一片巨大的灌溉冲积平原，让这个地方的农民可以在一年获得四次收获。

与此同时，他们还在巴伦西亚附近注入地中海的胡卡尔河修堤筑坝，让其疆域内又增加了1200平方英里的肥沃土地。他们甚至还引进了专业技术人员，并建起了专门研究农业知识的大学，修建了直到现在还在使用的道路……

我们在这本书前几章里，已经了解了阿拉伯人在天文学和数学领域取得的辉煌成就。他们也是当时欧洲唯一的、关注医学和健康的人。他们在这些医学问题上相当细致而耐心地进行研究，甚至用阿拉伯文把古希腊有关这方面的著作也翻译了出来，再重新传播到西方。

他们还集合了另一支力量和自己共同工作，这对他们来说具有特别巨大的价值——他们给了犹太人充分的自由，而不是将其关在保留地里，或是对其采取更严厉的措施，而是让犹太人将自己的商业才能和组织才干最大限度地发挥出来，为国家谋取利益。

于是，事情不可避免地发生了。差不多整个西班牙都被阿拉伯人占领了，基督徒再也不会威胁这个地方了。这个人间天堂的消息传到了沙漠中受着干渴煎熬的其他阿拉伯和柏柏尔部落中。那时，穆斯林进行着专制的统治，领袖的能力完全决定着统治的成功或失败。于是，内战就这样爆发了，杀戮就这样出现了。

随着一些家族的消失，另一些家族产生了。而在西班牙北部，强势人物纷纷伺机而动。小部落被合并成小领地，小领地又被合并成小公国。卡斯蒂利亚、莱昂、阿拉贡和纳瓦拉这些王国的名字开始传入人们的耳中。最终，西班牙人淡忘了自己古老的敌人——阿拉贡的斐迪南与卡斯蒂利亚的伊莎贝尔，在这片遍布城堡的土地上联姻了。

在这场伟大的独立战争中，发生了3000多次激烈的战斗。随后，这场"种族"战斗在教会的主导下演变成了宗教信仰之战。于是，西班牙人成为十字军骑士，他们树立了最崇高的理想，那就是将整个国家夺回来，他们为此浴血奋战。就在摩尔人最后的堡垒格拉纳达被攻克的同一年，哥伦布发现了通往美洲的新航道。6年后，瓦斯科·达·伽马①驶过好望角，发现了直达印度的新航路。

所以，在西班牙人夺回自己的家园时，他们也大发了一笔横财。西班牙人出于狂热的宗教热情而轻易地把自己想象成神圣的传教士，结果，实际上他们一无是处，仅仅是一伙特别（极其残忍、贪婪）的强盗罢了。1519年，墨西哥被西班牙人占领。1532年，秘鲁被西班牙人征服。

此后，他们更加忘乎所以，滚滚而来的黄金将其所有的远大抱负都淹没了。笨重的西班牙大帆船将黄金运进了塞维利亚和加的斯的金库里。当一个人有能力对从阿兹特克和印加掠夺来的财富进行划分，并由此成为"金领阶层"的一员时，为了避免自贬身价，他就会养成不劳而获的习惯。

摩尔人历经艰苦获得的劳动成果，最终化为了泡影，于是，他

---

① 瓦斯科·达·伽马（Vasco da Gama，1460—1524），葡萄牙航海家。1497年，他远航绕过好望角，到达莫桑比克，后到达印度。

们只好离开了西班牙。接着，犹太人也被赶了出去，还被搜刮一空，然后，如同货物一样地被扔进肮脏的小船里，由着船主的意愿随处漂泊。由此，复仇的烈火充满了犹太人的心中，而其头脑在苦难中被磨炼得更加睿智。后来，犹太人对折磨他们的西班牙展开了报复，参与了各次反对西班牙这个可恨霸主的行动。

此后，为了抑制异教徒的入侵，三大洲都付出了自己的财富，而西班牙则付出了全国的人力。

这些异教徒不但包括北方的新教徒，也包括南方的穆斯林。西班牙人在经历了长达700年的宗教战争后，最终成为这样的一个民族：在他们眼里，超自然成为自然，他们愿意服从高贵的主人。他们在努力的过程中血尽而亡，就像他们在一夜暴富过程中走向破产一样。

今天的西班牙人，是伊比利亚半岛造就的。他们正在努力将梦想变为现实，虽然梦想的实现困难重重。

幸而，你可以看到，在巴塞罗那等一些城市，西班牙人正在努力地继续着这一伟业！

第11章 法国

一个应有尽有的国家

我们经常可以听到下面的话：法国不认为自己是世界的一部分，相比于居住在多雨、荒僻岛屿上的邻居英国人，居住在大陆上的法国人更孤立、更与世隔绝。简单地说，这是因为他们固执地、一以贯之地对这个世界上的其他事务拒绝关心，于是，法国成了世界上最自私、自我中心主义最强的民族，而且，他们还是众多麻烦的根源。

为了将这一切弄个清楚，我们一定要寻根究底。

所有民族的根源都深深地扎根在土壤与心灵之中。心灵受到土壤的影响，土壤也影响着心灵。我们无法将其中的一个丢开，从而孤立地理解另一个。所以，当我们将它们真正的内涵同时都抓住时，才算真正找到了理解法兰西民族性格的关键。

我们经常听到的对法国人的各种指责，大多数都是建立在事实基础上的。然而，在第一次世界大战期间，法国人得到其他人无私的、绝对的赞誉也是有据可查的。这是由于，他们的美德与缺陷都源于这个国家的地理位置，正是这种特殊的地理位置，造成了他们以自我为中心、自给自足的特点——他们生活的这块陆地恰好处于大西洋和地中海之间，完全可以做到自给自足。

如果各种宜人的气候和美景在自家后院里就可以享受到，那么，你为何还要出国去寻求一些改变呢？如果乘坐几个小时的火车，你就可以从20世纪返回至12世纪，或者从一个充满微笑、满眼青翠的古堡到达一个遍地沙丘、苍松荟郁的神秘之地，那么，你又为何要去周游全世界，学习陌生的语言，领会不同的习惯和风俗呢？

而且，如果自己国家的饮食起居和社交联系都和这个世界其他地方所能提供的同样优质，如果你所居住的地方（信不信由你）可以将菠菜做成一道所有人喜欢吃的菜，那么，你又何必要去为护照和信用卡烦心，去吃糟糕的食物、喝酸酒，去面对北方农民那僵硬的、毫无特色的脸孔呢?

当然，在可怜的瑞士人眼中，除了大山外，再无其他可以享受的东西了；在可怜的荷兰人眼中，除了一小块平坦青翠的草地和几头黑白相间的奶牛，也再无任何值得欣赏的东西了。为此，他们一定要经常去国外，不然必定会因无聊而死。

德国人早晚会对那种一边听着美妙的音乐、一边吃着不咸不淡的香肠三明治的独特用餐习惯感到厌烦。意大利人也无法终生都吃空心面。俄罗斯人必定也喜欢偶尔可以吃上一顿舒心的餐饭，而无须排6个小时的长队去买半磅人造黄油。

然而，法国人真是幸运儿，他们生活在人间天堂，每个人想要的任何东西都能轻易获得，所以，法国人会问你:"我有什么理由非要离开自己的国家?"

你或许会这样回答他:这是一种绝望的偏执观点，你的法国朋友都错了。我希望，我可以对你持赞同态度。不过，我也必须承认，法国的自然条件和地理优势，真得可以说是得天独厚。

首先，法国有类型丰富的气候条件，有温带气候、热带气候，以及介于这二者之间的适宜的气候。法国拥有欧洲的最高峰，同时，整个国家的平坦大地上布满运河网，国内所有的工业中心就借着这些运河网被串联在一起。

如果一个法国人想在山坡上滑雪来消磨漫长的冬天，那么，他可以去阿尔卑斯山西侧萨瓦的小村庄。如果他更喜欢的是游泳而不是滑雪，那么，他只要买一张车票，就可以坐车到大西洋沿岸的比亚里茨或地中海边上的戛纳。

如果他对某人极感兴趣，如果他打算去看看那些成为流亡者的国王和将要登上王位的流亡者，看看那些心怀宏愿的男演员和业已成名的女演员，看看那些小提琴家或钢琴家，看看那些让舞台灯光下的君主和普通老百姓痴迷不已的舞蹈演员，他只要买一杯咖啡和乳酪，坐在巴黎的和平咖啡馆里，静静地等待就可以了。

或早或晚，那些一度是世界各地报纸的头版人物的男人、女人和孩子均会由此经过。而且，没人关注他们——这一过程已经持续了将近1500年了，就算是一个国王、一个皇帝，甚至教皇出现在这里，都如同一个新生出现在校园里那样稀松平常。

正是在这里，我们发现了一个地缘政治的不解之谜。200年前，共和国的三色旗（这面旗帜昼夜不息地飘扬着，对法国人来说，一旦他们将这面旗举起，就永远不会让它降下，除非它被磨损得无法辨认了）在这片土地的大部分领地上飘扬着。这片位于大西洋与地中海之间的西欧平原，为什么最终竟然发展成了世界上最集权的国家呢？地理方面的因素显然不包括在其中。

一个地理学家认为，人类的命运因气候及地理环境而发生了显著的变化。有时，这两个因素无疑发挥着相当重要的作用。不过，大多数时候情况正好相反。

尽管瑞士人说着四种语言，不过，他们却认为自己是单一民族的成员。尽管比利时人只说两种语言，不过，他们却互相憎恨，以亵渎对方士兵的坟墓当作星期日下午的例行娱乐。冰岛人在他们的小岛上维持了自己的独立与自治，进行了长达1000多年的反对一切外来者的斗争，可是，和他们一样生活在岛上的爱尔兰人却不了解独立为何物——世事就是如此，让人难以理解。

无论机械、科学和各种标准化发展到什么程度，人类的本性依旧是万事万物中极不可捉摸、极容易变动的因素。人类的本性导致了众多奇怪和不可思议的变化——不同时代的世界地图恰好证明了这诸多变化。

从政治上来说，法国看上去是一个国家。不过，如果你仔细查看地图，就会发现，法国实际上由两部分组成——面向地中海的罗纳河流域位于东南部分，面向大西洋广袤而又倾斜的大平原位于西北部分——这两部分既彼此接壤，又互相独立。

让我们从这两部分最早的时候谈起。

罗纳河的源头在瑞士，从日内瓦湖流出，直奔法国的纺织工业中心里昂，和发源于北方的索恩河汇合后，才发展成一条极其重要的河流。索恩河的发源地和默兹河的发源地离得很近，默兹河和北欧的历史有着千丝万缕的联系，就如同索恩（和罗纳河一起）与南欧历史的关系一样。

罗纳河并不是一条特别适宜通航的河流。在到达利翁湾之前，罗纳河的高度已经下降了6000英尺，所以导致了大量的湍流，这些河流是如此湍急，就连现代的蒸汽船都无法将之彻底征服。

尽管如此，古代的腓尼基人和古希腊人还是从罗纳河中获得了一条直接进入欧洲腹地的便利通道，而极其廉价的劳动力——奴隶——则是开通这一通道的前提。假如航船逆流而上，就一定要由那些史前的"伏尔加河上的纤夫"（他们的命运和那些俄罗斯同行一样悲惨）拉动；假如航船顺流而下，则仅需数天的时间就可以到达终点。

如此一来，事情就自然地发生了：那些古老的地中海文明通过罗纳河河谷，第一次触及欧洲内陆。相当奇怪的是，作为那一地区最早的商业区——直到今天，这里还是法国在地中海最重要的港口——马赛并非处于罗纳河河口，而是处于河口东部几英里的地方（现在，一条运河将它和罗纳河连通了起来）。

历史证明，这是一个非常明智的选择，原因是在公元前3世纪，在马赛的钱币流入奥地利的提洛尔和巴黎的周边地区之前，马赛就已经成为一个重要的商贸中心。而且，没过多久，这一地区和北部地区均将马赛当作了自己的首府。

随后，马赛历史中的不幸时刻降临了，来自阿尔卑斯山蛮族常常对马赛市民进行威胁、骚扰，无奈之下，罗马人受邀来帮助他们。结果，罗马人是来了，同时也按照他们的一贯作风留了下来。自此，罗纳河河口附近的每一个地区都成了罗马人的一个"行省"。

曾在历史中扮演重要角色的"普罗旺斯"这个名字证明了以下的事实：这块肥沃的三角地区的重要性不是由腓尼基人和希腊人发现的，而是首先由罗马人意识到的。

然而，一个最令人费解的历史与地理问题摆到了我们面前。普罗旺斯融合了希腊文明与罗马文明，具备理想的气候、肥沃的土地……它的前端正对着开阔的地中海，中部大平原和北欧则与其后门贯通，普罗旺斯给人的感觉，如同是罗马理所当然的继承人。虽然它具备自然赐予的种种优势，手中也握有所有的王牌，最终，它却失败了——当年，普罗旺斯在恺撒与庞培的争斗中选择了投靠庞培阵营，然后，不出意外地，马赛被强大的对手摧毁了。

然而，这仅仅是一个小灾难而已，因为没过多长时间，马赛市民又恢复了日常生活，在旧址上重新开始做起了生意。同时，普罗旺斯也因为保留了罗马时期高雅的礼仪、文学艺术与科学，而成为一个被蛮族团团包围的文明孤岛。

当富甲天下、手握重权的教皇们再也无法维持其在罗马（中世纪时期，罗马的暴民堪比凶狠的豺狼）的高贵地位时，他们不得不将教廷迁移到了普罗旺斯的心脏——阿维尼翁。阿维尼翁以其作为人类首次修建巨型桥梁（这座桥在12世纪堪称世界奇观之一，不过，现在它的大部分已经沉入河底了）的所在地而闻名。在阿维尼翁，教皇们拥有一座称得上是"铜墙铁壁一般"的坚固城堡。

所以，在此后差不多100年的时间里，普罗旺斯一直是基督教领袖们的家园，这一地区的骑士在十字军中占有相当重要的地位。与此同时，普罗旺斯的一个贵族家族还一代一代地把持着君士坦丁堡。

然而，不知道是什么原因，普罗旺斯一直无法将大自然创造的这片可爱、肥沃、浪漫的河谷打造成欧洲的中心。尽管普罗旺斯培育出了抒情诗的奠基人——在人们的心目中，这种体裁可以和小说、戏剧和诗歌并列，直到现在还可以在文学上占有一席之地。不过，柔和、婉转的普罗旺斯方言并没能变成整个法国的通用语言。

尽管法兰西的北方并不具备南方那样优越的地理环境，然而，正是北方的奥依语（在奥依语中，"oil"和"oc"仅仅是"oui"或者"yes"的不同形式而已）成了法兰西的通用语言。所以，是建立于北方的法兰西造就了法兰西民族，并将法兰西文化的各种福音传播到了全世界。

在1600年前，没人能料到这种发展的轨迹。因为在当时，这片南起比利牛斯山脉、北到波罗的海的大平原，好像注定会成为古罗马帝国的一部分，那或许就是自然发展的结果。

对于恺撒时代的罗马人来说，欧洲的这个地方即所谓的"远西地区"。这里被罗马人称为"高卢"，原因是高卢人和一个长着金发的神秘种族居住在这里，这些神秘人被希腊人统称为"凯尔特人"。

当时，两支高卢人居住在这个地方。一支以阿尔卑斯山脉和亚平宁山脉之间的波河流域为居住地，这些野蛮人长着金色的头发，而且，很早以前就居住在这个地方，于是被称为"山南高卢人"。当恺撒义无反顾地渡过意大利的卢比孔河时，这一支高卢人就活动在那里。另一支则叫"山北高卢人"。

当时，对欧洲的其他部分来说，他们是微不足道的。然而，在公元前58年至公元前51年恺撒那次著名的远征后，前面这一支高卢人就和今天的法国产生了紧密的关联。这是一片肥沃的土地，当地人也不会因为罗马人在这里征税而产生强烈的反抗之心，所以，这个地方成为罗马强化殖民统治的理想之地。

一支主要由步兵组成的罗马军队轻易地穿过了北部孚日山脉和南部侏罗山脉之间的山口。很快，罗马城堡、罗马村庄、罗马市场、罗马神庙、罗马监狱、罗马剧院和罗马工厂就遍布了法兰西的大平原。

凯尔特人作为塞纳河一座小岛上的居民，仍旧以原木搭建的房子为家。这座小岛名叫卢泰西亚（在巴黎西人首次将这个天然的要塞占领后，就将其称为卢泰西亚－巴黎西），是为朱庇特神建造神庙的理想之地。这个神庙的矗立之处，就是今天巴黎圣母院所在的地方。

因为这个小岛可以直接借助于水上交通和大不列颠（在以公元纪年后的400年时间里，它是罗马最有价值的殖民地）相连，也是一个可以对莱茵河与默兹河之间动荡地区进行监视的理想的战略要地，所以，这个小岛顺理成章地发展成了西部的重要中心，承担着庞大的罗马帝国管理远西地区的任务。

就像我在前文所说的那样，我们有时候想弄明白，当时的古罗马人是如何找到通向世界各地的岛屿、大陆的道路的，可是，对罗马人来说，这不是什么问题——不管是修建港口、城堡，还是贸易地，他们都有一种准确地寻找适宜位置的本能。

一位三心二意的观察者在巴黎盆地中度过了雨雾不断的6个星期后，或许会问自己："有'战神'之称的罗马人选择这个凄凉的地方作为他们统辖西部和北部殖民地的大本营的原因是什么呢？"

接下来，一位手持法国北部地图的地理学家会向我们揭示答案。

数百万年前，频繁的地震将这个地方的整个区域破坏得乱七八槽，山峰与山谷就如同赌桌上的筹码一样，经常被抛来扔去，形成于不同时期的四层厚厚的岩层，就以这种方式被不停地翻转、堆叠，最后，被一层层地叠压起来，就如同被摆在一起的老奶奶特别喜爱的中国茶碟。

最下面的、也是最巨大的那层"茶碟"，由孚日山脉一直延伸到布列塔尼，它的西部边缘就处于英吉利海峡的下面；第二层"茶碟"是由洛林直到诺曼底海岸；第三层"茶碟"就是法国著名的香槟地区，第四层"茶碟"（通常被称为法兰西岛）被它围绕着。这个"岛"是一个模糊的圆圈，塞纳河、马恩河、泰夫河和瓦兹河环绕着它，巴黎就处于岛的正中心。这里非常安全（绝对的安全），它可以最大限度地防止外敌入侵。

所以，敌人只好对这些"茶碟"陡峭的边缘进行猛攻，这个时候，守军不但早就占据了最佳的防御位置，而且，就算失败了，他们还可以从容地退守下一道"茶碟"防线。在退回到塞纳河中的那个小岛（巴黎所在地）之前，他们有四次这种机会。最后，他们仅需烧毁连接小岛周围和外界的几座桥，就可以让巴黎成为一处坚不可摧的堡垒了。

当然，一支具有顽强的毅力、精良的装备的敌军，还是具备攻克巴黎的可能的。然而，这是相当艰难的，我们在第一次世界大战中就已经证实了这一点。勇敢的英法军队将德军阻遏在巴黎城外——数百万年前的地质变化起到了相当大的作用，它给从东部而来的入侵者设置了各种类型的天然屏障。

为了争取民族独立，法国人只好持续战斗了近千年。大多数国家一定要保卫自己周围的各方边境，然而，法国仅需集中力量防御自己的西部边界就可以了。这也可以说明一个事实：与其他欧洲国家相比，法国更早地发展成为一个高度中央集权的现代国家。

塞文山脉、孚日山脉与大西洋之间是法国整个西部地区的集中地，这里自然地形成了一些被低矮的山脊分隔开来的彼此独立的半岛和山谷。塞纳河与瓦兹河河谷是位于最西面的河谷，一条古已有之的、被圣康坦城守卫的自然通道将其和比利时的平原连接起来。

到了现代，圣康坦发展成一个十分重要的铁路交通中心。所以，它在1914年德军进攻巴黎时，成为德国人主要的攻击目标之一。

经由奥尔良隘口，塞纳河河谷与卢瓦尔河河谷两地的交往就变得非常容易了。因此，这一地区在法国历史上注定会起到非常重要的作用。

法国民族女英雄贞德，又被称为奥尔良姑娘①，巴黎最大的火车站也叫奥尔良火车站，这是因为，奥尔良城处于法国南北交通要冲的重要地理位置。中世纪，披甲骑士为这些重要的关隘英勇奋战，今天的铁路公司也为这些重要的关隘你争我夺。世界在不断变化，但世事往往如此——变化越多，重复也越多。

至于卢瓦尔河河谷与加龙河河谷的连接通道，则是现在经过普瓦捷的铁路线。正是在普瓦捷附近，732年，查理·马特②阻止了摩尔人向欧洲挺进的步伐；也正是在普瓦捷附近，1356年，黑王子③彻底击败了法国军队，使得英国人在法国的统治又延长了将近100年。

广阔的加龙河河谷的南部，就是著名的加斯科涅地区。加斯科

---

① 奥尔良姑娘，即圣女贞德（Jeanne d'Arc, 1412—1431），法国民族英雄。1429年4月，她带领法国军队对抗英军的入侵，解奥尔良城之围。由此，贞德获得了"奥尔良姑娘"的称谓。

② 查理·马特（Charles Martel, 676—741），法兰克王国墨洛温王朝末期的宫相。他扫平内乱，抗击外敌，实行采邑改革，为后来加洛林王朝的建立奠定了基础。

③ 黑王子，即爱德华王子（Edward the Black Prince, 1330—1376），英法"百年战争"中的英军统帅，因他的甲胄颜色为黑色，故名为黑王子。

涅是英勇的达达尼昂队长和尊贵的亨利四世①国王的诞生地。法国的这一地区，通过加龙河上的图卢兹至纳博讷的谷底，就可以直接与普罗旺斯地区及罗纳河河谷连接起来。纳博讷坐落在地中海岸边，是罗马人在高卢地区最古老的居住地之一。

就像任何史前商道一样（在有文字记载的历史开始之前，这些道路就已经存在数千年了），奥尔良隘口也为某些人增加了收入。

在人类历史上，敲诈勒索和牟取暴利同样悠久。假如你质疑这一点，那么，你可以随便到任何一个关隘去，找到1000年前那条道路上最狭窄的地方，你会在那里看到几个甚至几十个古堡的遗址。如果你了解一些古代文明知识，那么，你就会从这些不同的岩层获知，在公元前50年、公元600年、800年、1100年、1250年、1350年、1500年时，这个地方都曾经有一些强盗歹徒修建的城堡，而这些人修筑它们的目的，就是向来往的商人索取过路费。

有时，你会惊奇地发现一个繁荣的城市，而不是一堆荒凉的废墟。然而，你又会从卡尔卡松的高塔、半月堡、外崖和棱堡获知，一座山口堡垒必须坚固到何种程度，才可以抵御住穷凶极恶的敌人的进攻，并幸运地保全到现在。

对于法国的地理概况，我已经介绍得很多了。现在，让我介绍一下生活在大西洋和地中海之间的这些居民的特征。

生活在这一区域的人看上去具有一个共同点，那就是他们都极具协调与平衡意识。我对这种说法一向十分赞同，法国人在生活中努力地保持着"条理分明"——如果这个不幸的词不会和枯燥、僵化和迂腐这类字眼产生紧密联系的话。

---

① 亨利四世（Henri IV, 1553—1610），法国国王（1589—1610），法国波旁王朝的创建者，被后人称为"亨利大帝"。

法国的确是欧洲最高峰的所在地。勃朗峰的最高处，现在就在法国的领土上，可是，这只是一个偶然。就像佩恩蒂德沙漠无法引起美国普通大众的兴趣一样，法国的普通市民也压根儿不关心勃朗峰上的皑皑冰雪。

相反，默兹地区、吉耶纳、诺曼底、皮卡第是法国人最喜欢的地方：让人心旷神怡的河流，两岸雄姿挺拔的白杨，漫游于河中的舟艇，夜晚于山谷中升起的薄雾……如此和谐的地方被华多①悉数绘入画中。那些没有发生任何改变的小村庄，是所有国家中最强大的力量。生活在那里的人们过着跟千百年前的祖先一样的生活。

与第一次世界大战期间那些强加在我们身上的荒谬的无稽之谈不同，法国人并不是多愁善感的梦想家，而是最理性、最热切的现实主义者。他们做事脚踏实地。他们认识到，一个人的生命仅有一次，即所谓的"人生七十古来稀"。所以，在活着的时候，他们努力让自己过得舒适、惬意，绝不浪费时间去幻想更加美好的未来。

如果这就是生活，那么，我们就要充分地享受它！既然文明人热爱美食，那就让最贫穷的人也掌握烹饪美食的技巧吧！既然酒早在耶稣基督时代就被认为是真正的基督徒的合适饮品，那么，就让我们将最好的酒酿造出来吧！

既然圣明的上帝让各色各样、琳琅满目的事物充斥于地球，那我们就要淡定地接受神授的权利，遵从上帝的旨意，恭敬地享受上帝的恩赐。既然集体的力量远大于个人的力量，那么，就让我们紧密依靠家庭——这一组成社会的最小细胞——社会对所有成员的幸福和悲痛都承担着相应的责任，而所有成员也要对幸福和悲痛承担

---

① 让·安东尼·华多（Jean-Antoine Watteau，1684—1721），法国洛可可时期最重要的一位画家。

着自己的责任。

这就是法国人生活的理想一面。可是，他们生活的另一面就比较让人讨厌了，产生这种现象的原因，就是我在前面所讲的那些特征——家庭变成了一个可怕的噩梦，而不是一个美梦。

无数掌握着家庭大权的祖父祖母们，成为种种了进步的绊脚石。为了儿子、孙子、重孙而节俭的美德，慢慢蜕化成一种可怕的习惯，靠着偷窃、欺骗、勒索和斤斤计较的手段来获得生活必需品，甚至对邻居的施舍也是如此——假若连邻里之间失去了互相帮助的美德，那么，文明的存在就会失去光彩。

总而言之，普通的法国人，不管其地位和出身多么卑微，好像都拥有一种实用主义的生活哲学，这种哲学可以让他们花最少的代价获得最大的满足。

例如，法国人并不是我们一般认为的具有凌云壮志的人。他们知道人生存在着等级之分。有人告诉一个法国人，在美国，任何一男孩都希望终有一天可以当上自己任职的那家银行的总裁。这个法国人却会认为，那没什么了不起，他可不想承担那些责任！为了午饭而付出 3 个小时的时间，没什么大不了。相形之下，付出 3 个小时的时间去赚钱固然好，然而，要是把享受人生幸福的时间白白浪费掉，就太不值得了。

所以，看上去法国人都在勤奋地工作，不管是他们的妻子还是儿女，没错，整个国家都在工作，不过，他们是在按照自己喜欢的那种方式工作、生活，而非企图过上别人认为他们应该过的那种生活——这就是法国人的智慧。

这种智慧尽管无法让法国人变得非常富有，但与世界其他地方所鼓吹的“成功”信条相比，人们却可以通过这种方式获得最终幸福。

在过去的 100 年里，城市吸纳了大多数国家的人口，不过，农村仍旧是60%的法国人生活的地方。今天的法国，是欧洲唯一一个可以经受住长时间的围困而不必从他国进口粮食的国家。随着现代先进科学技术的发展，古老的耕作技术也一直在进步。当法国的农民不再如他们的祖辈在查理大帝和克洛维①时期那样耕种时，法国的农产品就会实现完全的自给自足。

法国农民都是土地的所有者，因此，他们可以留在土地上。尽管他们的农场或许谈不上是一个真正的农场，但对他们来说这就是自己的。

在英格兰和东普鲁士，农业占有相当大的比例，某些身份模糊的远方地主是那些农场的主人。法国大革命彻底地将地主废除了，无论对方是贵族还是牧师，小农户将他们的田产瓜分殆尽。这对从前的地主来说，似乎不太公平。然而，他们的祖先获得这些土地的所有权时，也是借助于强取豪夺的方式，因此，二者之间没什么区别。

而且，国家也通过这种方式获得了巨大的好处。原因是它让法国一半多的人口可以直接享受到国家的福利。和每一件事情一样，这种做法存在一定的弊端。它造成法国的民族主义意识过度膨胀，也解释了这些地方的孤立主义产生的原因：法国人只愿意与本地人交往，甚至当其移居巴黎时也是这样，所以，巴黎的众多小旅馆特意为某一地区的人提供服务。

假如这种情况出现在纽约，那么，纽约的那些专门提供给芝加哥人、卡拉马祖人、弗雷斯诺人、霍斯黑兹人、纽约人的旅馆就都是学自法国人。这也解释了法国人十分不愿意移居世界其他地方的原因，同时，也再次说明了我们以前所说的那个问题：在自己的家

---

① 克洛维(Clovis I，466—511)，法兰克王国的奠基人。

里过得十分幸福的人，不会想要去其他国家。

下面，再来谈谈法国的农业。有许多地方的法国人与葡萄酿酒业牢牢地捆绑在一起。比如，整个加龙河流域都服务于葡萄酒文化。位于加龙河河口附近的波尔多，也因此成为葡萄酒的出口中心，地中海岸边的塞特则成为炎热的罗纳河流域著名的葡萄酒出口港。勃艮第出产的葡萄酒（也就是所谓的金坡地葡萄酒）全部集中在其首府第戎，而香槟酒则聚集（勾兑和分装）在兰斯城——这座古城也是法王举行加冕仪式的地方。

古代法国的国王们都是些傲慢、愚蠢的家伙，臣民们受到他们的残酷压榨，数百万的财富被浪费在凡尔赛宫漂亮的贵妇们身上。另一方面，法国宫廷在他们手中变成了时尚与文明世界的中心，其优雅的举止传播到世界各地，吸引了无数人前来学习、效仿，这其中甚至包括了所谓"吃饭"与"进餐"的区别。

结果，甚至直到今天，在法国最后一个旧时代统治者早已被扔进巴黎墓地的150年后，巴黎仍旧是决定着世界上其他地方的人该穿什么、该怎么穿的地方。

法国成为欧洲和美洲不可或缺的奢侈品的制造中心，数百万的女子（妇女和女孩）依靠着法国的时尚业获得了就业的机会。当然，简单的生活必需品还是大多数普通人喜欢的对象。里维埃拉广阔的鲜花基地生产的香水，在美国卖到6美元或10美元一瓶（这是些很小的瓶子，这也是我们明智地对那些我们不能生产的东西征税的结果）。

接着，我要说说煤和铁在法国的发现经过。

到处可见的巨大的煤灰堆和矿渣堆，让皮卡第和阿图瓦这两个城市变得异常单调而丑陋，可是，在英国人打算遏制德国人攻打巴黎的蒙斯战役中，它们却起到了非常重要的作用。此外，洛林成了法国的炼铁工业中心。中央高原也在制造钢铁。当第一次世界大战结束时，阿尔萨斯被法国人匆忙间收回，于是，法国生产出了更多的钢铁。

在德国人（19世纪70年代，普法战争中法国战败，阿尔萨斯和洛林由此被割让给了普鲁士）统治阿尔萨斯的50年中，它由重工业转向纺织工业。

因为近年来技术的不断发展，现在，大约25%的法国人都从事着工业生产工作。而且，他们不无戏谑地自夸道：法国的工业城市就外表而言，和英国、美国的工业城市一样怪诞、丑陋、缺乏人性。

第12章 比利时

由条约创造的和谐的、富有的国家

现代的比利时王国由三部分组成：佛兰德平原位于北海沿岸，处于佛兰德平原和东部山区之间的高原（这个高原地势较低，蕴含着丰富的煤铁资源），以及位于东部的阿登山脉。一道漂亮的弧线被流经阿登山脉地区的默兹河划出，随后，这条河就向着北方不远处低地之国的沼泽地带流去。

列日、沙勒罗瓦和蒙斯这三个城市是比利时铁矿和煤矿的主要蕴藏地，这里的煤、铁储量相当丰富，以致就算是德国、法国和英国的煤矿、铁矿全部被开采光了，比利时还可以在相当长的一段时期内将这两种工业必需品提供给全球。

不过，相当奇怪的是，这个有幸被德国人经常用"重工业之国"称呼的国家，竟然没有一个真正意义上优良的现代化港口。这是由于比利时海岸的水位相当浅，而且，还遍布着地形异常复杂的沙岸和浅滩，所以，这个地方当然不存在一个可称为港口的地方。

尽管比利时人在奥斯坦德、泽布吕赫和尼乌波特挖掘了人工港口，但是，比利时最重要的人工港口——安特卫普，依然和北海相距40英里。而斯海尔德河入海之前流经的最后30英里都是荷兰的领土——这一切都相当不合情理。

由地理学上的观点来看，如此安排或许会被某些人认为是不合常理的，然而，在一些国家的代表决定着一个国家的命运，靠着在庄严的国际会议上签署条约来决定领土划分时，这种安排又是必然的。

比利时就是这样的一些国际会议的直接结果。我们应该了解一些与此相关的历史，看一看那些围坐在绿色桌子旁的大国领导人是如何决定世界各国命运的。

凯尔特人（和英国与法国最早的开拓者是同一种族）和许多小的日耳曼部落居住在罗马的领地高卢。此后，罗马人一直北行，经过佛兰德平原，翻越过阿登山脉，直至到达这一片现代尼德兰王国诞生地的沼泽地，于是，这个地方的人不得不承认了罗马的领主地位。

随后，佛兰德又成了查理曼帝国一个小行省。接着，公元843年，依据灾难性的《凡尔登条约》，它又成为洛泰尔中央王国的一部分。之后，它又被分割成许多半独立的公爵领地、自治郡和主教辖领地。

后来，中世纪最有实力的地产经纪商——哈布斯堡家族又将其据为己有。然而，哈布斯堡家族到这个地方的目的并不是寻找煤和铁，而是想找到稳定的农业收成和迅速增长的贸易收入。

所以，这个国家的东部地区（直到现在还是最重要的）被看作是一块半蛮荒之地。然而，佛兰德却得到了发展自身潜力的绝佳机会，到14—15世纪，这个地方逐渐发展成北欧最富有的地区。

佛兰德得天独厚的地理位置是取得这一成就的原因之一，因为中世纪的中型船只可以深入到内陆；而佛兰德早期统治者，则是取得这一成就的又一大原因。这些统治者无论男女，都具有杰出的才能，他们鼓励发展工业，而当时，其他封建领主却专注于发展农业，对资本主义极度鄙视，就如同教会极度鄙视商人放贷取息一样。

由于这些异常英明的政策，布鲁日、根特、伊普尔和康布雷就得以慢慢壮大、富裕、繁荣起来。如果其他国家的统治者也能像佛兰德的统治者一样英明，允许人民抓住每一个发展的机会，那么，那些国家也能取得同样卓越的成就。

这些早期的资本主义工业中心后来慢慢地衰落了，这其中主要的原因是地理和人为的综合因素。

北海洋流改变的主要原因是地理原因。北海洋流的变化导致大量的泥沙出人意料地淤积在布鲁日和根特的港口，于是，陆地将这些城市完全包围了。而劳动联合会（同业公会）起初还是强大的发展力量之源，后来，却慢慢地蜕化成专制的、鼠目寸光的组织。而它们存在的目的，仅仅在于阻遏任何新的工业形式。

当这个地方的旧王朝灭亡后，法国暂时将佛兰德兼并了，对于这一事件，没人出面干涉，所以，在当时的形势和双方代表的努力下，佛兰德最终成为一个静谧的地区：白色的农舍、美丽的废墟。如此景色会唤起英国老太太去画最拙劣的水彩画。随着时间的推移，在古老房舍外，精心打磨的圆石之间，开始生长出青青的野草，而且，它们从未停止生长。

宗教改革①也在其中发挥了重要的作用。在经过一段短暂且剧烈动荡的时期后，佛兰德从支持路德教派②转而忠实于基督教会。

当北方邻国取得独立时，荷兰就急忙关闭了佛兰德这个老对手的最后一个港口，这个时候，安特卫普和欧洲其他地方的联系被切断了，比利时由此进入长期休眠期，直到詹姆斯·瓦特发明的蒸汽机需要燃料时，世界才注意到，比利时拥有丰富的自然资源。

随即，外国资本迅速涌进默兹河流域，而且，仅仅在20年内，比利时就发展成为欧洲的主要工业国之一。

那时的瓦隆地区（也就是比利时的法语区，这个地方位于布鲁塞尔以南）也迅速地发展起来了，虽然它的人口仅为全国总人口的42%，然而，它在极短的时间里就发展成了全国最富裕的地区。而弗拉芒人则成为半受控制的农民阶级，其语言仅能在厨房和马厩里使用，在文明家庭的客厅里是绝对不允许使用的。

---

① 宗教改革，指基督教在16—17世纪所进行的一次由下至上的宗教改革运动，其代表人物是马丁·路德、加尔文和慈运理。

② 路德教派，以马丁·路德的宗教思想为依据的各教会团体的统称，这一新宗派的建立，标志着基督新教的诞生。

就像一百多年前的凡尔赛会议一样，1815年召开的维也纳会议①认为，应该将荷兰和比利时统一为一个王国——如此一来，这个强大的北方国家就成了遏制法国的力量。

1830年，在比利时人反抗荷兰人的斗争中，当法国人（就像预想的那样）赶来对比利时人施以援手时，这桩奇特的政治婚姻最终宣告破裂。

反法联盟国家（像从前一样略迟一步）也进行了干预。来自科堡王室的一位王子（即维多利亚女王的舅舅利奥波德②，他是一个非常认真的绅士，对自己的外甥女影响极深）成了比利时国王。事实证明，这位比利时新王国是一个成功者。此后，尽管斯海尔德河河口还被荷兰人占据着，好在，安特卫普再次成为西欧最重要的港口之一。

欧洲强权国家正式宣布，比利时是一个"中立国"。可是，利奥波德二世（萨克森－科堡－哥达王朝创始人的儿子）非常聪明，不愿意把希望寄托在这种"请勿践踏草坪"之类的标语上。为的是让自己的王国从三流小国的地位中挣脱出来，不再依靠富裕邻居们的接济而过活，他夜以继日地勤奋工作着。

当一个美国绅士亨利·斯坦利③由非洲中部返回欧洲时，利奥波德二世对他盛情相邀，请他来到布鲁塞尔。在他们的这次面谈后，"国际刚果协会"成立了。在此后的一段时间里，比利时因为"国际

---

① 维也纳会议，1814—1815年，欧洲列强在维也纳召开了一系列外交会议，旨在恢复拿破仑战争时期被推翻的各国旧王朝及欧洲封建秩序，防止法国东山再起。

② 利奥波德舅舅，即利奥波德一世（Leopold I, 1790—1865），德国萨克森－科堡－萨尔菲德公爵。1831年，他开创了比利时萨克森－科堡－哥达王朝。

③ 亨利·斯坦利（Henry Morton Stanley, 1841—1904），美国记者，探险家。

刚果协会"而成为现代世界最强大的殖民强国之一。

直到今天,比利时所面临的主要问题并不是经济问题——比利时拥有得天独厚的地理位置,恰好位于北欧最繁荣的地区的中心。所以,民族问题才是它面临的主要问题。

在比利时,弗拉芒人占全国人口的大多数,他们在基础教育、科学和文化方面取得了飞速的进展,慢慢超越了占总人口少数的说法语的瓦隆人。

自从比利时独立以后,弗拉芒人和瓦隆人始终在为如何分享国家的管理权而吵闹不止。由于失去了应有的国家管理权,于是,弗拉芒人为了争取政治上的权利始终在斗争着。他们坚持认为,弗拉芒语应该和法语共同享有绝对平等的地位。

对于这个话题,我最好保持沉默。不过,它让我感到十分困惑,我也不清楚是什么原因让事情发展成了这样。

弗拉芒人和瓦隆人原本属于同一个种族,双方拥有着近2000年的共同历史。然而,他们之间却如同猫和狗一般针锋相对。

我会在以后说到瑞士人,他们会讲德语、法语、意大利语和列托－罗马语(一种奇怪的罗马方言,仅保留于恩加丁山区)这四种语言,然而,彼此之间却相处融洽,也不存在什么不可协调的矛盾。

这其中必定是有原因的,不过,我愿意坦白地承认,对于这些情况,我始终无法理解。

第13章　卢森堡

历史的捉弄

在介绍瑞士之前，我应该先介绍一下这个奇特的独立小公国——卢森堡。

如果不是在第一次世界大战的最初几天里扮演了相当重要的角色，它的名字大概不可能为人所知。卢森堡（意思是"小城堡"）仅有25万居民，在它还是比利时的罗马行省的一部分时，其先民就居住在这片土地附近了。中世纪时，它发挥着相当重要的作用——它的首府被认为是当时世界上最坚固的城堡之一。

为争夺这块土地的归属权，法国和普鲁士王国发生了持续不断的争执。最终，1815年的维也纳会议上，这块土地获得了小公国的独立地位，它的直接统治者就是荷兰的国王。当然，这是为了对荷兰人进行补偿。原因是他们因为德国人的侵占而丧失了一片祖传的土地。

19世纪，这个小小的公国有两次险些引发德法战争。为了避免类似的困境再次发生，这个国家的防御工事被彻底拆除了，卢森堡于是正式成为一个"中立国"（和比利时一样）。

第一次世界大战爆发后，德国人为了入侵法国（德军由法国北部平原和东部平原长驱直入）而违反了这个中立条约。

直到1918年，卢森堡才从德国的铁蹄下获得自由。就算是到了现在，这个小公国还处在别国的觊觎之中，原因是它拥有数量可观的铁矿资源。

第14章 瑞士

拥有秀丽的高山、优秀的学校和说四种语言却和睦、团结的人民

地理的故事

　　瑞士人经常用"赫尔维蒂联邦"来称呼他们的国家。在22个独立的小共和国的硬币和邮票上，一个名叫赫尔维蒂的并不特别美丽的女士的头像经常出现。这22个小共和国的代表聚集在首都伯尔尼，大家一起共商国是。

　　第一次世界大战期间，瑞士的大部分国民（70%的瑞士人说德语，20%说法语，6%说意大利语，2%说列托－罗马语）是和德国处于同一战线的，于是，赫尔维蒂女神被一个名叫威廉·退尔[①]的有几分理想化的年轻英雄逐渐取代了。

　　相当遗憾，第一眼看上去，赫尔维蒂女神的头像越来越像英国人了，原因在于创作她的就是英国维多利亚时代中期杰出的艺术家。硬币和邮票头像之间发生的冲突（这种现象并非瑞士独有，差不多每个国家都会存在这些奇怪的问题），将瑞士共和国的双重性质清楚地展示出来了。

　　然而，瑞士，对于我们这些非瑞士人而言，仅仅是一个风景如画的山地之国，我在这一章里就要讲述这些。

　　由地中海延伸到亚得里亚海的阿尔卑斯山脉，它的长度差不多是大不列颠岛的两倍，面积差不多与大不列颠岛相等。阿尔卑斯山脉中，有16,000平方英里的土地归瑞士所有（和丹麦相差无几），而在这16,000平方英里的土地上，12,000平方英里的土地出产着各种农副产品，在这里，遍布着森林、葡萄园或小块的牧场。

　　此外，还有4000平方英里是毫无用处的——湖泊或悬崖峭壁将这些土地中的大部分覆盖着。另外，冰川还覆盖着700平方英里的山地。

　　所以，瑞士每平方英里居住的人口数量为250人（比利时为655

------

① 威廉·退尔（Wilhelm Tell），14世纪瑞士传说中的英雄。

人，德国为347人，而挪威只为22人，瑞典为35人）。所以，如果你认为瑞士仅仅是一个巨大的山区度假胜地，住的全是旅馆的服务生和游人，那就错得离谱了。

除了乳制品行业在全世界享有盛名外，位于阿尔卑斯山脉与侏罗山脉之间广袤的北部高原，如今已经被瑞士人变成了欧洲最繁盛的工业区之一，而且，这一切是在原料零基础的情况下完成的。

当然，瑞士的水利资源相当丰富。此外，它还拥有恰好处于欧洲心脏地带的优越地理位置。这可以让赫尔维蒂共和国的各种产品无声无息地、源源不断地流入周边的至少十几个国家。

在前面的章节里，我曾尽力地说明了以阿尔卑斯山脉和比利牛斯山脉为代表的复杂山系是如何形成的。我还曾对你们说，将六块干净的手帕取出来，将其展平，然后，一块一块地叠放起来，再把它们向中间挤，观察此后产生的褶皱、重叠的圆环和折痕——这些都是强有力的地壳挤压造成的结果。

在数百万年的时间里，比较年轻的岩石层缓慢地在老的岩石层上折叠着，进而形成了奇形怪状的山峰。此后，又历经了数百万年持续不断的风霜雨雪之后，这些山峰就变成了现在的风貌。

这些巨大的褶皱从最初比平地高10,000～12,000英尺开始，渐渐地倒坍成连绵的山脉。在这个国家的中心——圣哥达山口的安德马特村，这些山脉和另一条巨大而复杂的山系（圣哥达山系）交会在一起，从而让莱茵河流入北海，让罗纳河奔向地中海，而且，还由此产生了众多的山涧、河流，将源源不断的水流提供给北部的图恩湖、卢塞恩湖和苏黎世湖，以及南部有名的意大利湖泊群。

这些冰川、峭壁和山谷特别深，以至于这些地方终年不见天日。雪崩常常发生，处处是无法通行的山涧，峰峦中间点缀着12个寒冷刺骨的绿色冰川湖——这里就是瑞士共和国的发源地。

和平时一样，瑞士人从实用的政策和特殊的地理环境中获得了一次争取独立的机会。在过去近千年的岁月里，瑞士的农民居一直住在难以逾越的峡谷中，处于半开化状态，以至于周围强大的邻居们都快要把他们遗忘了。是啊，当实在没东西可供劫掠时，就算是高举不可一世的帝国大旗的国家又能怎么样呢？至多不过是从这些野蛮人手中抢来几张牛皮罢了。

不过，他们却是非常危险的野蛮人，擅长打游击战，会将令人不安的大圆石从山顶推落下来，如果这些大石头砸中了士兵，再坚硬的盔甲也会如同一张羊皮那样被轻松地砸烂。所以，瑞士人就好像生活在阿勒格尼山后面的印第安人之于大西洋沿岸早期移民一样，外界将他们彻底地忽视了。

然而，伴随着天主教会重要性的持续提升，伴随着十字军东征期间及结束后意大利商业贸易的繁荣发展，一条由德国直达意大利的更直接、更便利的通道成为北欧的当务之急，这是一条不经过圣伯纳德大山口和布伦纳山口的通道——假如经过这两个山口，就意味着一定要经过哈布斯堡的领地，那么，就要缴纳高到让人无法承受的关税。

就在这时，居住在翁特瓦尔登州、乌里州和施维茨州（瑞士独立的小共和国和地区的名称）的农民决定联合起来，大伙儿准备集资（上帝知道，他们真的很穷）修筑一条道路，这是一条由莱茵河流域直达提契诺河流域的道路。

他们从山壁上将岩石开凿下来，当岩石过于坚硬，鹤嘴斧也无法挖动时（那时的人们在山中修道路却无炸药可用），他们就制作出一些狭窄的木头装置，并把它们挂在山的一边，从而绕开那些难以通行的角落。

此外，他们还在莱茵河上修筑起几座简陋的石桥，这些桥的通行时间只能是盛夏，其他时间则不行。

400年前，查理大帝的技术人员勘察了一条路线，不过始终无法修建完成，他们就顺着这条路线将新的路修建了起来。到了13世纪末，一个带着骡队的商人可以由巴塞尔取道圣哥达山口到达米兰，这能让他节约许多成本，因为他最多付出因骡子摔断腿或被山石砸到而损失两三头骡子的费用。

早在1331年，一个旅客招待所就出现在山口上，虽然直到1820年它才开始面向商人开放。之后没多久，它就成了最受欢迎的一个南北商贸往来的驿站。

当然，翁特瓦尔登、乌里和施维茨的农民也会收取一点点路费，以此作为他们付出千辛万苦开路的少量回报。像卢塞恩和苏黎世这样的城市，利用这些稳定的收入和这条国际性的商道获得了极大的发展动力，这些小农民群体也获得了一种全新的独立精神。

毋庸置疑，这种独立精神与他们敢于公开对抗哈布斯堡家族的统治有着极大的关系。特别让人好奇的是，哈布斯堡家族原本也有着瑞士农民的血统，虽然他们从没有在任何一本家谱中提到这一点——哈布斯堡家族的家谱就保存在他们的老家鹰之城的城堡里，阿勒河就在这个城堡附近汇入了莱茵河。

很抱歉，这些介绍是那么的单调乏味，然而，正是由那条繁忙的阿尔卑斯山商道上得来的实实在在的收入，而不是那个虚构的英雄威廉·退尔的勇敢，为现代瑞士共和国的建立和发展打下了基础。

现代的瑞士共和国是一个极为有趣的政治实验品，建立在世界上最有效的政治制度上。瑞士政府机器运转得那么平稳而高效，以至于当你向一个瑞士人猛然发问，问他们的总统是谁时，这些瑞士公民都必须思考一会儿之后才能回答你。

这是由于，他们的国家是被联邦参议院（类似一种"董事会"）

管理的。7名成员组成联邦参议院，每年会任命1名新主席（通常是上一年的副主席），依据的是惯例而不是法律，每一任总统都来自说不同语言的地区，比如，第一年是德语区，第二年是法语区，第三年是意大利语区……

然而，不管哪方面，瑞士主席和美国总统不存在任何相似之处。瑞士主席只是瑞士联邦委员会的临时主席，而联邦委员会的意志则通过7名成员加以表达。瑞士主席除了主持联邦委员会会议，还兼任外交部部长。

这里也不存在瑞士的"白宫"。假若有贵宾需要招待，宴会就不得不设在外交部的办公室里，甚至，有的宴会更像是小山村里的普通酒会，而不像法国那种半皇家气派的盛大宴会，或美国的那种同事间的招待会。

瑞士的铁路在修建时遇到了相当多的困难。

将意大利和北欧连接起来的数条铁路线，都穿过了瑞士一侧阿尔卑斯山脉的中心地带。其中，仙尼斯峰铁路取道第戎和里昂，连接了巴黎和都灵（古代萨瓦公国的首都）。德国南部与维也纳，则被布伦纳铁路线连接在一起，尽管这条线路同样贯穿了阿尔卑斯山脉，却未曾穿过任何隧道。

辛普朗线是第三条最重要的穿越阿尔卑斯山脉的铁路线，它提供了由巴黎到米兰的直达通道，其间经过第戎、洛桑、罗纳河流域和布里格。1906年，辛普朗线通车，而这一年恰逢拿破仑时期举世闻名的辛普朗山口公路建成100周年。辛普朗公路有250座大型桥梁、350座小型桥梁和10条长隧道，是当时世界上前所未有的、最浩大的公路建设工程。

辛普朗线顺着罗纳河流域慢慢上升，一直到海拔2000英尺的地方才进入隧道，长9英里的勒奇山隧道将瑞士北部与意大利西部连接了起来。

　　在所有的阿尔卑斯山梁中，最狭窄的一个就是本宁－阿尔卑斯山，当然，辛普朗线还是横穿了这座山。这座山的地理环境相当独特，至少有21座海拔都在12,000英尺以上的山峰和140处冰川（它们是各大河流最重要的水源）坐落于这片狭小的四边形山地上。在洪水期，山间的激流会于一列大型国际列车到来之前的数分钟里将铁路桥摧毁，令人感到特别头疼。

　　然而，这个地方从未出现过因洪水而造成车毁人亡的重大事故，这主要归功于瑞士铁路工人高效率的工作。不过，就像我在前面所说的那样，这个有些刻板又相当官僚的共和国要求人们踏踏实实地做事，而不是处处靠运气。这儿的生活过于艰难、危险，所以，那些"得过且过"的、敷衍的人生哲学是不受鼓励的。不管什么时候，总有一个人在观察着、注视着、留心着。

　　可是，也由于这种传统的、家长制的保守作风，在这里，没能出现什么杰出的艺术，这一点其实不难理解。在文学和艺术方面（绘画、雕塑、音乐），瑞士人并没有创造出一件足以跨越这狭小国土走向世界的作品。

　　然而，这个世界上并不缺少"艺术之国"，却仅有极少数国家可以骄傲地宣称，几百年来，它们的政治和经济始终保持着稳步增长与发展。更重要的是，瑞士的体制更适合大多数的瑞士百姓。对此，我们真的没什么可怀疑的。

第15章　德国

欧洲的后起之秀

仅仅出于讲述的方便，我将欧洲各国划分成民族与文化两类国家。我在前面的一些讨论就是由这些国家开始的，它们在逐渐发展成独立的政治实体之前，曾经是罗马帝国的殖民地。这是有明显的证据的。

实际上，巴尔干地区的确曾被罗马占领过，拉丁语至少在一个国家（罗马尼亚）是作为官方语言被保留下来的。然而，在中世纪，这一地区的罗马文明的痕迹因为蒙古人、斯拉夫人和奥斯曼土耳其人的入侵而被抹得一干二净了。

我们现在来讨论巴尔干地区的君主国家，的确是不正确的。所以，我现在要离开地中海沿岸各国，到另一种形式的文明去看看——这是源于条顿人的一种文明，其传播范围是以北海及大西洋为中心向周围发展。

一块巨大的半圆形的平原位于这一地区（我在介绍法国时就已经对你们说过了），它由俄罗斯的东部山地一直延伸至比利牛斯山脉。而第聂伯河、德维纳河、涅瓦河和伏尔加河则发源于俄罗斯的东部山地。在日耳曼部落开始其神秘的西迁之后不久，罗马人就将这片大平原的南部征服了。而这片大平原的东部，则被当时的斯拉夫游牧民占领着。

伴随着罗马人的殖民扩张，斯拉夫游牧民被斩尽杀绝。后来，众多新的民族出现在这里。当这片大平原上出现饥饿的条顿人侵略者的身影时，这里可以利用的地方只剩下一块宽阔的方形地了。这块方形地东起维斯瓦河，西到莱茵河三角洲，北达波罗的海，南到罗马人筑起的堡垒——任何一位新来者都会由这些堡垒得知，自己进入了罗马殖民者的"禁地"。

南方的方形地的西部是山地。首先，阿登高地和孚日山脉就位于莱茵河西岸。然后，从东向西依次为黑森林、蒂罗尔山脉、厄尔士山脉（意思是"矿石山脉"，就是现在的波西米亚）、克尔科诺谢山；最后是快要延伸到黑海岸边的喀尔巴阡山脉。

这片区域的每一条河流都向北流去。它们按从西向东的顺序依次排列，莱茵河是第一条河，而且是所有河流中最浪漫的一条河流，沿岸一代代的人们不断地为它战斗，为它流泪。这的确是一条温和至极的小河，它的长度是亚马孙河的1/5，是密西西比河和密苏里河的长度的1/6，甚至就连在美国被认为不很重要的俄亥俄河，也比它长500英里。

威悉河是第二条河，这条河口附近就是德国现代化的城市不来梅。

易北河是第三条河流，今天的汉堡市就是它造就的。

奥得河是第四条河流，斯德丁的崛起，以及逐渐成为柏林及内陆工业区产品的出口港，正是这条河促进的结果。

最后，就是维斯瓦河了，但泽这个自由港是它的一个港口，这个港口的管理人是由国际联盟（即后来的联合国的前身）任命的特派员。

数百万年前，冰川将这片大地覆盖着。冰川消融后，大片沙荒地被留下来。这片土地是如此广阔，一直延伸到北海和波罗的海，后来，又退化成了沼泽。其中，北部的沼泽慢慢变成由佛兰德海岸一直延伸至柯尼斯堡的一条沙丘带。柯尼斯堡一度是距离俄罗斯边境较近的一个古老的城市。

随着沙丘带的扩大，沼泽受到一定的保护，从而免受海潮的侵袭。于是，植被开始出现了，等土壤慢慢变得适宜树木的生长时，森林就出现了。后来，这些森林又转变成泥炭地，从而为这里的早期人类提供了取之不尽、用之不竭的优质燃料。

这片平原的北部和西部边界，分别是北海和波罗的海，说它们是"海"，实际上根本就名不副实。事实上，与真正的海洋相比，它们简直就是两个浅浅的水塘。

北海的平均深度仅为60英寻①，即便是最深处也在400英寻以内。波罗的海的平均深度是36英寻。另一方面，大西洋和太平洋的平均深度分别为2170英寻和2240英寻。我将这些数据告诉你，就是想让你将北海和波罗的海想象成两个下沉的山谷。假如地表略微隆起一点儿，就可以把它们再次变成干燥的陆地。

原始人是这个地方的早期移民。他们以猎取野生动物和种植农作物为生。然而，这些原始人对美有着执着的追求。当他们自己的土地上缺乏可以用来作为装饰的金属物品时，他们就一定要去其他地方寻求自己所需的黄金和白银。

对于我接下来所要的叙述内容，很多读者或许会感到惊讶，不过，这是千真万确的：任何一条原始商道，其实都是奢侈品的贸易通道。任何早期居住在世界不同地方的民族之间发生的冲突，其实都是源于争夺奢侈品。

所以，正是商人告诉了罗马人有关北欧地区的地理概况。

而这些商人之所以会深入到神秘的波罗的海沿岸，就是为了寻找琥珀（一种石化的树脂，它是罗马贵妇用来装饰头发的饰物）。而激发人们去太平洋和印度洋航海并获得新发现的原因，实际上就是为了得到一种坚硬的石灰岩块——珍珠——这种东西有时可以在牡蛎壳中找到，它是女人们的装饰品，目的是为了吸引他人注意女子那可爱的耳朵和柔美、纤细的手指。

此外，为了想尽办法找到龙涎香（抹香鲸体内的一种物质），人类向不幸的抹香鲸发起了疯狂的攻击，众多船只驶向巴西、马达加

---

① 英寻，海洋测量中的一种深度单位，1英寻约合1.82米。

斯加和摩鹿加群岛的海岸，捕鲸船的数量远比捕捞鲱鱼、沙丁鱼或其他食用鱼的船只要多得多。这是由于，龙涎香恰恰是制作各种各样香水的必备原料——用龙涎香制成的香水具有一种清新的芳香，极富异国情调，因此令上流社会的男男女女们趋之若鹜。

在17世纪的欧洲大陆，女人们在时尚的驱使下，都要在外衣下面穿一件让人无法察觉的紧身内衣（对想要时刻保持体形的女士们来说，有12道菜的正餐真是危害太大了）。我们因为这种时尚的改变而更加深了对活动在北极的鲸鱼的认识——因为当时的法式胸衣是由鲸骨来做支撑的。

当巴黎人刚刚决定应该在帽子上用白鹭毛来做装饰时，猎人就去狩猎白鹭，将它们头上的羽毛（这种自然万物中最可爱、最高贵的鸟类正是由于这些人的行为而濒于灭绝）拔下来。这些猎人为此甚至深入到美国南部的环礁湖中——他们所到达的区域远远超过了为得到日常所需的面包和黄油所需达到的范围。

我还可以将这种事例写出十几页。不管怎样，正是由于物以稀为贵，这些奇珍异宝成为许多人的追求目标。人们借助于奢侈行为的示范，希望将深刻的印象留给那些不太幸运的邻居们。

奢侈品从来都不是生活必需品，可是，却引导着人类在世界各地不断进行着探险。当我们对史前的德国地图加以深入研究时，我们依旧可以发现那些古老的奢侈品贸易通道的遗迹，而它们差不多和中世纪及现代的商道是一致的。

以3000年前的情况为例。像哈茨山脉、厄尔士山脉和克尔科诺谢山等这些南部的大山，都位于距海洋数百英里以外的地方。向北延伸到北海和波罗的海的大平原，已经由潮湿的沼泽变成干燥的陆地，现在，茂密的森林覆盖了这片大地。

冰川现在已经退到斯堪的纳维亚半岛和芬兰的大部分地区，而伴其同行的人类则声称，自己拥有了整个荒野。居住在南方山区山谷中的部落发现，最好的致富手段就是砍伐树木，并把它们卖给统治着莱茵河到多瑙河流域各个战略要地的罗马人。

而在其他地方，众多的条顿游牧民和农夫还没有见过罗马人。一支罗马探险队曾打算深入到这些地方的中心地区，不过，当地人在一条黑暗的、满是积水的山谷里设下的伏击令其全部丧命。于是，后来就再也没人试着进行这样的探险了。然而，这并不意味着德国北部和世界其他地方的联系被彻底切断了。

史前时代那条伟大的从西向东的商道（即由伊比利亚半岛到俄罗斯大平原的商道），顺着比利牛斯山脉到巴黎的路线向北延伸，沿途经过普瓦捷山口和图尔山口（我在介绍法国的时候介绍过这两个山口）。这条商道绕过了阿登高原，顺着欧洲中部高地的边缘一直到达俄罗斯的北部低地。这条商道在一路东行的途中，必然会遇到许多河流的阻碍，好在，人们总能找到水位比较浅的河段，顺利地渡河前行。

就像罗马城建于台伯河的浅水处一样，德国北部众多古老城市也是源自史前时期和人类历史早期的聚居区。那些聚居区的原址，恰好就是我们现在繁忙的车站和百货商场的所在地。汉诺威、柏林、马格德堡和布雷斯劳等城市，均是由这种方式发展起来的。

虽然莱比锡原本不过是斯拉夫大平原中部的一个小村庄，后来，也成了商业的发源地。银、铅、铜、铁等产自萨克森山区的矿产，在顺河而下出售给那些资助修建这条欧洲东西大通道的商人之前，都会在这里汇集。

当然，这条商道一旦到达莱茵河，水上运输就开始和陆地凭借畜力运输的商队展开了激烈的竞争。相比陆地运输，水上运输总是更便宜、更快捷。所以，早在恺撒渡过莱茵河之前，这条大河上来往着相当多的木筏，这些木筏可以将货物由斯特拉斯堡（莱茵河就是在这里将弗兰肯、巴伐利亚和符腾堡的内陆贸易区连接起来）运到科隆，再从科隆运到低地国家的沼泽区域，甚至远达英国。

柏林和耶路撒冷之间相隔万里，然而，这两个城市都遵循了相同的地理规则——那就是城市一定要修筑在重要商道的交会之处。耶路撒冷就修建于从巴比伦到腓尼基、从大马士革到埃及这两条商道的交叉点上，早在其名声传到犹太人耳中时，就已经是一个十分重要的贸易中心了。

而柏林是建在莱茵河畔，位于由西向东、由西北到东南（也就是现在所说的由巴黎到圣彼得堡、由汉堡到君士坦丁堡）两条商道的交会之处，因而，成为继耶路撒冷之后的第二个历史名城。

在整个中世纪，德国是由众多半独立的诸侯国组成的地区。直到300年前，还没有任何迹象表明，这块欧洲大平原的西部终有一天会发展成世界上最主要的国家之一。

令人感到奇怪的是，现代德国差不多是十字军东征失败的直接产物。当西亚失去了任何可以被占领的新的领土之后，欧洲这些被剥夺了继承权的骑士阶级就开始探求获得其他农业财富的来源。没过多久，他们就顺理成章地想到了位于奥得河和维斯瓦河之上的斯拉夫大平原——野蛮的异教徒普鲁士人正是那里的古老居民。

随即，一支古老的十字军骑士团①由巴勒斯坦转移到了东普鲁士，继而，欧亚的商业中心也由加利利的阿卡转移到了马尔堡（位于但泽以南30英里处）。此后200年间，这些骑士始终和斯拉夫人进行着战斗，将来自西方的贵族和农夫安置在可怜的斯拉夫人的农场里。

---

① 十字军骑士团，此处指条顿骑士团，成立于1192年，与圣殿骑士团、医院骑士团并称为三大骑士团。

1410年，这些骑士在坦能堡会战中被波兰人击败；1914年，依旧是在坦能堡这个地方，兴登堡①成功地击溃了俄罗斯军队。尽管遭受了打击，幸而，这些十字军骑士终究幸免于难，当宗教改革运动开始的时候，他们还是一个相当重要的团体。

那时，霍亨索伦家族的一名成员正好是十字军的领导者。这个宗教领导人不仅加入了新教，还接受了马丁·路德的建议，声称自己是世袭的普鲁士公爵，并把但泽湾的柯尼斯堡定为首都。

从15世纪中叶开始，霍亨索伦家族就开始对勃兰登堡的那片荒凉沙地实施管理。到了17世纪初，勤奋而聪明的霍亨索伦宗族的其他人就完全占据了这块公爵领地。100年之后（准确地说是1701年），这些从勃兰登堡来的傲慢无比的人自认为已经足够强大了，于是，他们发誓要获得一个高于"选帝侯"②的称号。随后，为了达到自立为王的目的，他们开始四处煽动民众的情绪。

神圣罗马帝国的皇帝对此表示欣然同意。一般的情况下，只要同类之间不互相残杀，而且，哈布斯堡家族也乐于对自己的盟友霍亨索伦家族提供一些帮助。要知道，他们可是同一个俱乐部的成员啊。

1871年，普鲁士的第七任国王——霍亨索伦国王成为统一的德意志帝国的首任皇帝。47年后，普鲁士第九任国王兼近代德意志帝国第三任皇帝威廉被迫退位，并从自己的国家离开，这也说明，霍亨索伦家族巨大的控股公司破产了。

这个由十字军骑士团幸存者组成的国家，最终终结于资本主义工业时代，不过，它仍是当时世界上最强大、最有效率的强国。

现在，所有的一切都宣告结束，霍亨索伦家族的后人正在荷兰

---

① 保罗·冯·兴登堡（Paul von Hindenburg，1847—1934），德国陆军元帅，联邦大总统。1933年，授意希特勒组建纳粹政府。
② 选帝侯，指那些拥有选举神圣罗马帝国皇帝的权利的诸侯。

伐木。然而，我们还是应该诚实一点儿，这些前蒂罗尔山山民真的才能出众，至少，他们足够聪明，可以将一批具有特殊才能的仆人聚拢在自己的身边。切记，在他们原有的领地上，基本上不存在什么自然资源。在普鲁士的土地上，只有农田、森林、沙地和沼泽，那里不会生产任何可供出口之物，而对所有国家来说，出口都是获得贸易顺差的唯一途径。

当德国人发明了甜菜制糖法之后，这种情况终于略有好转。然而，就价格角度而言，由于蔗糖相比甜菜糖更便宜，而且蔗糖还可以用船从西印度群岛运回来，这就代表着不管是普鲁士人还是勃兰登堡人，能够赚到口袋里的钱还不够多。可是，当法兰西舰队在特拉法尔加海战中损兵折将后，拿破仑皇帝决定采取"反封锁"的办法来打击英国，普鲁士甜菜糖的需求量于一夜之间暴增，并且需求量持续增长。

几乎是与此同时，德国的化学家们发现了钾碱的巨大价值，而普鲁士却拥有巨大的钾碱储量，于是乎，普鲁士得以将一些化工产品提供给国外市场。

随后，霍亨索伦家族始终好运连连。将拿破仑打败之后，普鲁士取得了莱茵河地区。直到第一次工业革命之前，莱茵河地区并没有表现出任何与众不同之处，而工业革命之后，铁、煤的拥有者却赢得了世界各地高度的关注。普鲁士也特别意外地发现，自己竟然拥有世界上储量最大的煤矿和铁矿。

就这样，历经500年的贫困之树开始结出丰硕的果实。德国人从贫困中学会了缜密和勤俭，现在，德国人又依靠它懂得了如何比其他国家更高效地生产，以及更廉价地销售。当陆地上已经不存在足够的发展空间时，高速发展的条顿民族转而向海洋走去，而且，在短短50年的时间里，就将他们的国家发展成海洋运输业收入最多的国家之一。

当北海尚属于文明的中心（早在美洲、大西洋成为主要的贸易通道之前，北海就始终处于这样的地位）时，汉堡和不来梅一度发挥了相当重要的作用。现在，这两个城市慢慢失去了活力。为了要超越伦敦和其他英国港口，同时也为了让大型航船通行，处于波罗的海到北海之间的基尔运河被开凿出来，并于1895年正式投入使用。

自此，莱茵河、威悉河、奥得河、维斯瓦河、美因河、多瑙河（只完成了一部分）被四通八达的运河连接在一起，一条可以直通北海和黑海的航线出现了。由此，柏林也可以借一条由首都通向什切青的运河直达波罗的海了。

假如人类在做事情的时候多运用自己的独创性，那么，就可以确保大多数人获得足以过上体面生活所需的报酬。在第一次世界大战之前，普通的德国农民和工人尽管谈不上多么富裕，不过他们习惯了严格的纪律，和其他地方同一阶层的人相比，他们或许吃的、住的都更好。总之，德国人的福利和养老保障要更好一些。

而德国是如何成为世界大战不幸结局的牺牲品的呢？这是一个特别让人悲伤的故事，不过它并不是这本书的内容。但是，因为战败，富裕的工业区阿尔萨斯和洛林从德国手中失去，所有的殖民地从德国手中失去，甚至连商船队也失去了，就连在1864年的战争中，自丹麦人手中抢来的石勒苏益格－荷尔斯泰因州的部分土地也失去了。甚至，数千平方英里的前波兰领土（那时已被完全德国化了）也被分割出去，重归波兰所有。

这样一来，顺着维斯瓦河、由托伦到格丁尼亚和波罗的海的一条宽阔的长条地带，又重新回到了波兰的统治之下，于是，波兰拥有了直通大海的出海口。

德国人仍旧把持着西里西亚的一部分土地，这一地区是18世纪时腓特烈大帝①从奥地利手中抢来的。可是，波兰获得了德国更有价值的矿产资源地，德国仅控制着纺织业。

从政治角度来看，《凡尔赛和约》或许就是一个相当优秀的条约。可是，从应用地理学的角度来看，它使人们对欧洲的前途充满忧虑。

---

① 腓特烈大帝（Friedrich Ⅱ，1712—1786），普鲁士国王。1740年，他发动了第一次西里西亚战争，为普鲁士赢得极具经济价值的西里西亚地区。

第16章　奥地利

很少有人欣赏的国家

我所处时代的奥地利共和国仅有600万人口，其中，居住在首都维也纳的人有200万。这种异乎寻常的安排所导致的后果，就是整个国家的头重脚轻。

多瑙河畔（一条混浊的、灰色的河流，并不是如著名的华尔兹圆舞曲所令人期盼的那样蓝）这座不可思议的古镇，正在缓缓地退化为一座死城。在这座城市中，沮丧的老头儿、老太太们漫无目的地徘徊于街道、市镇之中，回想着往昔的荣光；年轻一代则逃向国外，在幸福的环境中开始新的生活。

再过100年，快乐之城维也纳（这一古老而重要的科学、医学和艺术中心）将会成为第二个威尼斯，会从一个大帝国的首都沦为一个仅靠旅游产业的城市。作为一个港口，维也纳也仅剩下一点点重要性——给那些将货物从波西米亚和巴伐利亚运送到罗马尼亚和黑海的船只提供一个可以停靠的码头。

现在，这个古老的旧多瑙河帝国（从前，奥地利就是以这个名字而为世人所知的）的地理状况是相当复杂的，这是由于，大战过后，它的领土被分解得支离破碎，简直到了难以辨认的程度。

然而，从前的奥匈帝国真的是一个相当好的例子，足以说明自然条件是怎样对强大的中央集权国家的形成产生影响的。暂时将任何边界线忘记，先来看一看这一地区的地形。

奥地利简直可以说是位于欧洲大陆的正中心，从这里与意大利的脚尖的距离和到丹麦半岛的鼻子的距离几乎一样。一块辽阔的圆形大平原和起伏不平的领土构成了它的全部，高大的山脉将其包围在中间。

瑞士的阿尔卑斯山脉和蒂罗尔山脉位于它的西部，波西米亚的厄尔士山脉、克尔科诺谢山（巨人山脉）和喀尔巴阡山脉位于它的北部，这几座山脉形成了一个半圆形，护卫着匈牙利平原，以使其免遭来自斯拉夫大平原的侵略。

而喀尔巴阡山脉则被多瑙河一分为二，南半部分由巴尔干山脉到狄那里克－阿尔卑斯山（也就是特兰西瓦尼亚－阿尔卑斯山），是阻挡亚得里亚海寒风进入这个大平原的一道天然屏障。

建立这个国家的人拥有非常多过于粗略的地图，而且，他们的地理知识差不多为零。然而，就像美国的拓荒者在征服西部的进程中会沿着某种特定的道路前进，而一点儿也不想研究通向目的地的道路的好坏一样，这些中世纪的征服者在扩张这辽阔的土地时，所遵循的只是"立竿见影"的原则，而不是让自己囿于理论问题的困扰。

他们在面对这类事情的时候，所采取的方法就是顺其自然。他们从大自然那里获得了一些必须要面对的"结果"，不过，在这些问题面前，明智的人类会选择恭顺地遵从它的指令。

在公元后的第一个千年里，匈牙利大平原是一个名副其实的无人区，尽管已有很多部落顺着多瑙河由黑海向西侵入这个大平原，但是，它们都未曾拥有稳定的政府职能。查理大帝在和东部斯拉夫人展开的长期战争中，将一块小小的"标志"竖立起来，假如用我们现在的说法来说，那就是界碑，而它就成为东部的标志，并促成了最终主宰这片地区的国家的诞生。

尽管匈牙利人和土耳其人会时不时地对这个国家进行侵扰（维也纳受到土耳其人最后一次围攻的时候，是在哈佛大学建校相当长一段时间之后），然而，凭借着这一小小的标志，一些家族给了这个国家十分强大的支持和有效的管理，这些家族最早是巴本堡家族，随后，就是哈布斯堡家族。

最后，这个边境小国的统治者们甚至费尽心机地让自己成为神圣罗马帝国的皇帝。而这个所谓的"神圣罗马帝国"，一不是罗马，二不神圣，三更不是帝国，仅仅是由所有以德语为母语的民族组成的一个松散联邦。他们始终使用这个头衔，直到1806年，这个头衔被拿破仑扔进了垃圾堆——拿破仑想在自己——一个无产者的头上戴上皇冠。

然而，那个并非聪明过头而是过于顽固的哈布斯堡家族打算从德国人手里分一杯羹。结果，1866年，他们被普鲁士人赶回自己的故乡，并被勒令不得离开那片大山。

现在，这个古老的国家由于内乱已经四分五裂了。现在，它的领土大部分由山地组成，这其中就包括瑞士－阿尔卑斯山脉的延续，以及著名的蒂罗尔山脉的残存部分。

然而，依据《凡尔赛和约》的规定，意大利拥有了奥地利－蒂罗尔山脉的领土，原因是这些地区一度属于罗马帝国的一部分。这个山区还有比较重要的两个城镇——因斯布鲁克和萨尔茨堡。前者不但令人回想起中世纪，而且，它还是古代通往意大利（需要翻过布伦纳山口）的必经之地；后者是音乐家莫扎特的出生地，也是欧洲最美丽的城镇之一。现在，出于保持活力的目的，这里不时地会给来自世界各地的人们奉上音乐和戏剧表演。

这些山区和北部的波西米亚高原，都不会产生什么特别有价值的东西。可以说，维也纳盆地也是这样。曾经，罗马人在维也纳盆地上建起了一个军营，当时，这是一个很小的聚居地。公元180年，一生中和北部日耳曼大平原的蛮族发生过多次交战的著名帝王哲学家马可·奥勒留就在这里辞别了人世，为此，这个地方的名声不是太好。

这座城镇直到1000年后才有了点儿起色，当时，中世纪的移民大潮（也就是十字军东征）让维也纳成为那些想要沿着多瑙河到达东方圣地的一个出发地。

1276年，哈布斯堡家族将维也纳当作居住地，并让其成为广袤领地的中心。他们的领地范围很大，其中就包括了我们前面提到的处于各个山脉之间的所有地区。1485年，这个城市被匈牙利人夺取。1529年和1683年，维也纳遭到奥斯曼土耳其人的两次围攻。

在古老的奥匈帝国里，斯拉夫人占了47%，而日耳曼人只占了25%，余下的分别是匈牙利人(19%)，罗马尼亚人(7%)，约60万(1.5%)的意大利人和10万的吉卜赛人。靠近匈牙利的地区，是很多吉卜赛人的集中居住地，他们在那里多多少少被当作一个值得尊重的民族对待。

很明显，君主制国家的贵族只有承担起领导责任来，才能得以发展。在抵抗拿破仑的战争中，奥地利的军队多次战败。维也纳人民对此感到义愤填膺，于是，那些高高在上的公爵、男爵们全部被人民赶出了维也纳，让他们退回到自己的领地，在那里过着枯燥乏味、远离尘世的生活。

也就是从那时开始，维也纳享受到了欧洲中心的地理位置为它带来的好处。随着贵族的离去，商人和制造业者终于进入了全盛时期。维也纳在极短的时间内就发展成欧洲最重要的商业、科学和艺术中心。

第17章　丹麦

以小博大的典范

　　丹麦是一个特别小的国家，按照现代国家的标准（丹麦的人口差不多为350万，首都人口75万），如果人的数量比质量更重要的话，那么，我们大可将其忽略。不过，丹麦人把聪明的才智与现实的美好生活（希腊人将"适度"当作智慧的最高境界）结合起来，化腐朽为神奇。为此，我们应该将特别的关注和崇高的敬意，奉献给丹麦和其他斯堪的纳维亚国家。

　　丹麦的国土面积为1.6万平方英里，自然资源特别匮乏，它没有陆军和海军，没有矿产和高山（整个国家的任何地区都低于600英尺，而这一高度还不到帝国大厦的一半高），然而它却可以和12个面积更大、志向更远、满怀军国主义野心的国家相匹敌。

　　丹麦人在自己的努力下，把文盲率降为零；把自己的国家发展为欧洲人均收入第二的富裕国家，而且，就像世界其他国家所知道的那样，他们将贫富差距在真正意义上消除了，同时，将一种平均、适度的小康生活平衡机制建立起来，这是任何地方都不能和它相提并论的。

　　只要你看一看地图就可以清楚，一个半岛和无数独立的小岛组成了丹麦这个国家。将岛屿隔开的海峡相当宽阔，火车只有在渡轮的运送下才可以穿越海峡。丹麦的气候条件特别恶劣。整个冬天，强劲的东风会轻松地在整个平坦的丹麦大地横扫而过，同时带来阵阵寒冷的雨水，这就导致丹麦人只能像荷兰人一样，在室内度过大部分时间。

　　正是由于这种气候，丹麦人养成了喜欢读书的习惯。结果，丹麦人变成了学识渊博的人群，人均拥有的书籍数量远远超过其他国家。

　　不过，牧场则因风雨而保持了湿润，于是，这里牧草繁茂、牛群肥壮，这样一来，丹麦成为全世界30%的黄油供应商。在很多国家，富有的、生活在外地的大地主占有着很大一部分土地，但是，在民主的（是社会和经济意义上的民主，而不是政治意义上的民主）丹麦人却从不鼓励和支持这种少数人占有大量土地的经济模式——这样的问题在世界上的许多国家都会遇到。

现在，丹麦全国拥有不下15万名150,000个独立的农场主，他们经营的小农场的面积从10英亩到100英亩不等。面积超过100英亩的牧场，全国仅有2万个。那里生产的供出口的乳制品绝对是用最现代化的科学方法加工出来的，教授这些方法的人就是当地农业学校的教授，而这些农业学校却仅仅是丹麦中学义务教育体制的延续。

乳酪是生产黄油的副产品，它的作用就是养猪，而猪肉又被加工成熏肉制品，出口到其他国家。

由于种植粮食的利润远远不及黄油和熏肉贸易所带来的利润，因此，丹麦人宁愿选择进口粮食。但泽是波兰和立陶宛这两个大粮仓的古老出口港，从哥本哈根到但泽，船行仅需两天的时间。所以，有了这样便利的条件，可以让丹麦人省力且省钱地大量进口粮食。他们用进口的部分粮食饲养家禽，于是，丹麦会向英伦诸岛出口数以百万计的鸡蛋。而不知是什么神秘的原因所致，英国仅出产球芽甘蓝这类美味的东西。

为了确保自己国家出口的农副产品近乎垄断的地位，丹麦以国家的名义对出口产品实行严格管控制度，这也同时为丹麦产品创造出了绝对优良的声誉——丹麦的各种品牌都被看作是绝对纯正的典范。

就像任何具有条顿血统的人一样，丹麦人也是绝对的赌徒，在过去数年的金融和股票投机买卖中，他们已经损失相当大的一笔钱财。尽管银行关门了，但是，家人、牛、猪还在，现在，他们又重新开始工作了。

丹麦的城市似乎都不那么重要。埃斯比约市位于日德兰半岛（丹麦半岛的旧称，英国早期的移民就是从这里过来的）的西海岸，是丹麦大部分农产品的主要出口港；奥胡斯市位于日德兰半岛东海岸，是日德兰地区最古老的基督教中心之一，早在发现美洲新大陆之前的400年，那里的人还在对他们英勇的神祇（奥丁①、托尔②和巴德尔③）充满崇敬之情。

日德兰半岛和波罗的海群岛中的第一大岛——菲英岛被小贝尔特海峡（我确信现在已经有了修建跨海大桥的计划）分隔开来。欧登塞市（纪念奥丁神的地方）是菲英岛的中心。这里就是汉斯·克里斯蒂安·安徒生（他是一个贫病交加的制鞋匠的儿子，享誉世界的童话大师）的出生地。

然后，我们跨过大贝尔特海峡，到达西兰岛。这里曾是古丹麦帝国的中心。丹麦美丽的首都哥本哈根就位于开阔的海湾之滨，

在公元9—10世纪的时候，包括英格兰、挪威和瑞典的一部分，曾经都处于丹麦大帝国的疆域之内，那时的哥本哈根仅为一个小渔村，与它相距15英里的内陆城市罗斯基勒，则是皇家官府邸所在地——就是在这里，丹麦人对那些遥远的国土进行着管理。

而现在，罗斯基勒早已变得不那么重要了。哥本哈根的面积在不断扩大，它的重要性也在不断增强，现在，哥本哈根成了整个丹麦1/5人口安居乐业的地方。

丹麦王室就位于哥本哈根，那些身穿漂亮制服的警卫仅在国王或女王出去游泳、钓鱼或买香烟的时候才会举枪致敬。除此之外，你再也找不到这个国家展示军事实力的任何举动。在过去的岁月里，丹麦曾历经最痛苦、最艰难的战争——在普丹战争（1864年普鲁士伙同奥地利对丹麦发动的战争），它坚持了相当长的时间。

---

① 奥丁（Odin），北欧神话中的众神之王。
② 托尔（Thor），北欧神话中负责掌管战争与农业的神。
③ 巴德尔（Baldur），北欧神话中的光明神，是奥丁和弗丽嘉的儿子。

最后，丹麦人民自愿将陆军和海军解散。同时，为了维护自己的中立地位，那些军队被一支小型的警察部队所取代。

以上，就是我想介绍的与丹麦相关的情况。

这个国家走着自己的和平之路。丹麦王室的成员始终避免出现在敏感的报刊头条；很少有国民有三件大衣，不过，没人在外出时不穿大衣；拥有一辆汽车的人所占的比例也相当小，不过，所有的男人、女人、孩子都至少拥有两辆自行车。

对一个崇尚大块头的世界来说，丹麦实在是太渺小了；但对一个崇尚伟大的世界来说，丹麦则相当重要。假若让大多数人获得最大幸福，是任何政府所追求的最高目标，那么，丹麦已经极好地证明了这一点。

第18章　冰岛

北冰洋中的一个有趣的政治实验室

从古老帝国的光荣时期开始，丹麦就保留着几块土地，这其中就包括第六大陆——格陵兰岛。格陵兰岛上蕴藏着铁、锌、石墨等宝贵的矿产资源，然而，冰川却将它们统统覆盖起来（在整个格陵兰岛，无冰地区仅占全岛面积的1/30）。

这对所有人或许都不具有任何价值，除非地轴可以略微偏一点儿，从而让热带气候再一次出现在格陵兰岛——数百万年前，格陵兰岛一度属于热带气候，这一点可以由岛上的几个大型煤田推断出来。

法罗群岛（字义是"绵羊群岛"）是丹麦的殖民地之一。它位于设得兰群岛以北200英里处，拥有20,000人口，托尔斯港是它的首都。大探险家哈德逊就是由法罗群岛跨越大西洋到达曼哈顿岛的。

冰岛也是丹麦的殖民地之一。这是一个非常有意思的国家。冰岛的火山特性让它如同一个名副其实的神奇仓库——不同种类的奇景异象储存在其中，这些景象经常与火神伏尔甘的炉子中神秘的火焰联系起来。

此外，冰岛拥有自己独特的政治发展模式。它是地球上最古老的共和国。据记载，早在美国独立之前的800年，冰岛人就开始实行自治政府管理了，而且，到目前为止，其中只出现几次短暂的中断。

从挪威来的逃亡者是冰岛上最早的移民，9世纪时，他们就克服了千难万险，到达了这个遥远的孤岛。

虽然在冰岛40,000平方英里的国土总面积中，冰川和雪地永久地将5000平方英里覆盖着，真正适于农耕的土地仅占1/14，不过，与这些逃亡者的母国挪威相比，这里的生活条件已经算是十分优越了。所以，到9世纪初，冰岛上已经拥有4000多块宅地，自由独立的农夫是这里的居住者。这些农夫继续着早期日耳曼部落的习惯，在极短的时间里就将一个松散的自治政府建立起来。

　　构成这个政府的组织，被称为"阿尔庭"（由其专门收集不同地区的"事务"或者"议题"）。每年仲夏，在一个叫辛格韦德利的火山大平原上，阿尔庭就会召开会议。距离冰岛现在的首都雷克雅未克7英里的地方，就是辛格韦德利平原，而雷克雅未克的历史仅仅只有100多年。

　　在他们独立的最初的200年里，冰岛人发挥了巨大的创造精神，同时，创作出了人类历史上最好的萨迦①文学。并且，冰岛人还发现了格陵兰岛和美洲（早于哥伦布500年），让这个冬天仅有4小时白昼时间的北部岛屿发展为一个重要的文明中心，其重要的程度远超其挪威母国。

　　然而，过分突出的个人主义，好像是对任何日耳曼种族的诅咒，这就让这个地方的政治、经济合作简直可以称为零。在13世纪，挪威人将冰岛占领了，由于当时挪威还是丹麦的一部分，因此，冰岛也就顺理成章地成了丹麦的一部分。

　　但是，冰岛却被丹麦人彻底忽视了，所以，冰岛人无奈地看着法国海盗和阿尔及利亚海盗们肆意妄为，直到自己原有的财富被搜刮殆尽，直到人们将所有异教徒时代的文学和建筑彻底遗忘，直到泥炭小棚渐渐地取代了贵族和自由民的古老木建筑。

　　可是，从19世纪中叶开始，一些古代的繁荣又得以重现，要求彻底独立的呼声再次复苏。今天，冰岛再一次像1100年前那样获得了自治。雷克雅未克是冰岛最大的城市，尽管人口不足10,000人，却拥有一所大学。

　　冰岛的全国总人口甚至不到100,000，但他们拥有十分出色的文学作品。冰岛仅有孤立的农场，没有村庄，老师巡回为农场里的

---

① 萨迦，13世纪前后，冰岛人和挪威人用文字书写的古代民间故事、神话传说。

孩子上课，在这里，他们同样受到了良好的教育。

总之，冰岛是世界上最有意思的小国家。就像其他众多的小国家一样，它将人类依靠个人智慧和恶劣的外部环境做斗争时所能做到的一切展示了出来。然而，冰岛并不是人间天堂。这里的冬天不太冷——这里是墨西哥湾流的一个支流到达的地方，而此地的夏季相当短暂，无法种植谷物和水果。此外，这里常年多雨。

海克拉火山是冰岛的29座火山之中最有名的一座。在我们开始有历史记载的时期里，海克拉火山累计喷发过28次。无数的火山岩浆吞没了岛屿，甚至，有些岩浆堆的面积达到1000多平方英里。这里也时常发生地震，曾经有数百个农场被摧毁。坚硬的岩层经常被劈开，从而形成不可胜数的裂缝和裂口，其中的一些竟然长达几英里。

此外，含有硫黄泉水和滚烫的泥浆湖，使得岛上的旅行变得十分复杂。好在，岛上最有名的间歇泉比较安全，而且非常有趣。冰岛大喷泉是这些间歇泉中最有名气的一个，它喷出的热水有时可以达到100英尺高，不过，近年来，这些间歇泉的活动变得越来越微弱了。

冰岛人愿意现在居住在冰岛上，而且，也愿意长久地在那里生活下去。在过去的60年中，有20,000多人移居到美洲，在马尼托巴聚居，可是后来，又有许多人重返冰岛。

尽管这里经常下雨，而且有时真的让人感到不舒服，可是，冰岛永远是他们的家。

第19章　斯堪的纳维亚半岛

在瑞典和挪威统治下的半岛

　　那些生活在中世纪快乐的神话世界中的人，都熟知斯堪的纳维亚半岛是怎样变成现在这个样子的。

　　据说，在上帝将创造世界的工作完成后，魔鬼前来窥探，在离开天堂的七天里上帝究竟做了些什么。当魔鬼看到地球上第一次出现勃发的生命力时，他为此而狂怒，甚至将一块巨石举起来，向人类的新家园扔去——这块巨石降落在北冰洋上，于是就变成了斯堪的纳维亚半岛。这里是那么的荒芜和贫瘠，压根儿不适合人类生存。

　　幸而，上帝想起自己在创造其他大陆时，还剩下了一些肥沃的泥土，于是，就将这些泥土撒在挪威和瑞典的大山之间。当然，这些泥土并不够分配，这也解释了为什么这两个国家大部分地区直到现在仍是洞穴巨人、土地神和狼人（均为北欧神话中的角色）的家园，因为人类无法在如此贫瘠的土地上生存下去。

　　现代人也有自己的动人传说，但这个传说是建立在他们观察得来的事实的科学基础上的。根据地理学家的观点，斯堪的纳维亚半岛其实是一个极其古老且庞大的大陆的一部分，早在煤炭形成之前，这个大陆就跨过北冰洋，由欧洲一直延伸到美洲。

　　我们都知道，现在在地球上分布的大陆形成的时间比较晚（这些大陆还在不停地移动，就如同漂浮在池塘中的树叶一样）。现在，这几块大陆被海洋分隔开来，而当初它们曾经在某一段时期内是一整块大陆。

　　当人们无法看到挪威和瑞典所在的那一部分大陆后，最东面的山脊（也就是斯堪的纳维亚山脉）和冰岛、法罗群岛、设得兰群岛和苏格兰岛还留在水面上，大陆的其余部分则全都处于北冰洋的海底。或许某一天，这些角色会彻底颠倒过来。那时，北冰洋就会成为干燥的陆地，而挪威和瑞典则会成为鲸鱼和其他小鱼生活的海洋。

　　挪威人看上去并未因他们的家园受到这种威胁而无法安眠，他们忧虑的是其他事情。例如，如何生存下去。

当你想到挪威可供农业使用的土地仅为其领土面积的4%（也就是只有4000平方英里）时，你就会认识到，这是一个很难解决的问题。尽管就农业用地的面积来比较，瑞典比挪威多一点儿，占了国土总面积的10%，不过，这也根本不够。

好在，耕地面积虽然不足，瑞典的森林多多少少补偿了一些。瑞典一半的国土覆盖着森林，而松树和冷杉占据了挪威1/4的土地。这些森林正在慢慢被砍伐，不过，在这里，伐木业并不是像美国那样被灾难性地商业化砍伐了。挪威人和瑞典人都明白，自己的国家永远也不可能拥有发展普通农业的有利条件，所以，他们必须要用最科学的方法砍伐树木。

曾经有一段时期，这里的冰川将由北角到林德斯内斯角的整个半岛都覆盖了。山坡上的土壤被这些冰川剥蚀得一点儿也不剩，就如同一个被猎狗舔过的盘子那样干净。冰川不但将山上来之不易的土壤（需要数百万年的时间才可以得到足够的土壤，得以覆盖如此辽阔的陆地）无情地掩盖了，而且，流水还将这些土壤携带并沉积在北欧大平原上。关于这一点，我在介绍德国时已经讲过了。

对于这些，4000年前大规模入侵欧洲的亚洲侦察兵必定十分了解——当他们最终横穿过波罗的海时，发现仅有很少的带有芬兰血统的游牧民族住在斯堪的纳维亚，于是，他们就极其轻松地将这些芬兰部落赶到了北部拉普兰的堡垒中。然而，当这一切都做好后，这些远道而来的新移民赖以为生的是什么呢？

他们有好几种生存方式。首先，他们可以外出捕鱼。当冰川渐渐挺近到达大洋时，在海岸的岩石上冲刷出了众多的深沟，连绵不尽的海湾和峡湾就形成了，因而让挪威的海岸线格外弯曲，长度相当于平直的海岸线的6倍。直到现在，挪威人还以捕鱼为生。

　　与此同时，墨西哥湾流让所有的港湾都获得了温暖，就连处于最北部的哈默菲斯特也因其成为一个全年开放的港口。而罗弗敦群岛邻近冰冷、清澈的北冰洋，岛上的凹处和裂缝处是鳕鱼格外钟情的繁殖地，于是，10万多渔夫专门在这里捕捞鳕鱼，当他们的渔船回港时，几乎需要相同数量的人专门从事加工鱼罐头的工作。

　　其次，如果他们不做渔业工作，他们还可以去当海盗。一排排的群岛和孤岛遍布在挪威沿海，它们的面积加起来相当于挪威领土总面积的7%。此外，数不清的海峡、沙丘、海湾被这些岛屿分隔开来，所以，这里的地理状况极为复杂——由斯塔万格开往瓦尔德的汽船一定要配备两位领航员，而且，他们必须要每隔6小时轮班一次才可以确保船只平安抵达目的地。

　　在中世纪时，这一带水域还没有航标、浮标和灯塔（挪威海岸最早设立灯塔的地方就是林德斯内斯，那也是到了近代才有的），在这段危险的海岸12英里以内的区域，陌生人根本无法深入。尽管关于罗弗敦群岛的两个岛屿之间著名的大漩涡被人们夸大了，然而，就算是最有经验的船长，除非在6个以上当地人的指引下，他也不敢贸然进入这个水上迷宫冒险。

　　所以，这里成为海盗们的活动基地。他们对这些海湾相当熟悉，只要在自己家乡的可见范围之内，他们就可以有效地利用这些自然优势，从而进行肆无忌惮的掠夺活动。为了提高作战技巧，他们对船只进行改造，令他们可以航行到英格兰、爱尔兰、荷兰等遥远的地方冒险。当他们发现自己对这些地方的航路已经烂熟于心时，他们就慢慢地延长航程，一直深入到法国、西班牙、意大利甚至君士坦丁堡，令那里的人民深感不安。为此，这些国家的商人随时随地都会传来信息，声称自己在附近的海面上发现了北欧海盗的龙骨船。

　　9世纪初期，北欧海盗对巴黎进行了三次以上抢劫。他们沿莱茵河而上，最远甚至到达了科隆和美因茨。甚至，挪威不同的部落之间为了争夺英格兰的所有权而发生了激烈的内斗，就像现在欧洲各国为了一块特别有开采潜力的油田的所有权而互相开战一样。

差不多与此同时，他们发现了冰岛，于是，第一个北欧殖民城邦成立了，北欧人在这里统治了700多年。

后来，他们又组织了一支拥有200多艘船（这些小船在必要时可以在陆地上抬着前进）的掠夺远征军，一直由波罗的海打到黑海，令君士坦丁堡为之胆寒，还导致东罗马帝国皇帝急忙将这帮野蛮军加以收编，让他们成为自己的特殊卫士。

北欧海盗由西部进入地中海，分别在西西里岛、西班牙、意大利和非洲海岸建立起自己的殖民地，而且，还在和其他地方部族的交战中，不断地将最珍贵的东西奉献给教皇。

这个古老的北欧国家一度辉煌耀目，那么，最终它将变成什么样子呢？

现在，这一切辉煌已成过去，仅剩下一个备受尊敬的挪威小王国，以海洋运输业为主业，专门从事捕捞也，并向世界各地出口大量鱼类。当然，这里也会发生政治口角，原因是人们始终在为应该将哪种语言作为官方语言而争执不断。不过，这种争吵假若不因此导致挪威政府把重要城市和火车站的名字每两三年就更改一次的话，全世界会毫不在意他们的这些争吵。

谈到挪威的城市，其中的大多数仅仅是在原有村庄的基础上扩建起来的，就连狗与狗之间都相当熟悉。古代挪威王国的首都是特隆赫姆（从前的名字是尼达罗斯，后来又改名特隆杰姆），这儿有一个优良的港口。每逢波罗的海冰封后，这里就成为从瑞典出口的大部分木材转运到世界各地的中转站。

挪威现在的首都奥斯陆，是在一个被焚毁的古老的聚居地废墟附近建立起来的，它的建造者是丹麦国王克里斯蒂安四世，所以，它最初的名字是克里斯蒂安尼亚，等到挪威人决定抹掉任何与丹麦人语言相关的痕迹时，才改成了现在的名字。

奥斯陆处于流入斯卡格拉克海峡的奥斯陆峡湾的顶端，那里是挪威农业最发达的区域。事实上，宽阔的斯卡格拉克海峡是大西洋的一个岔湾，丹麦和挪威正是被它分隔开来。

在斯塔万格、奥勒松和克里斯蒂安桑这些城市，清晨的时间来得特别晚，每天要到早晨9点汽笛声轰鸣的时候，曙光才冉冉到来。卑尔根是古老的汉萨同盟[①]所在地，整个挪威沿海的商业活动都曾在这个同盟的管理之下。现在，它和奥斯陆经由一条铁路连接起来。

同样地，一条铁路支线从由特隆赫姆直达瑞典的波罗的海沿岸。再往北，过了北极圈，就是纳尔维克市，从这个港口转运出口的瑞典拉普兰德出产的铁矿砂行销全世界。特罗姆瑟和哈默菲斯特则始终被鱼腥味笼罩着，它们是著名的渔港。

这块土地是如此奇异，而又如此无情无义，这里的无数子孙不得不背井离乡，下海谋生，尽自己最大的努力改变现状。不过，就算是这样，它还是得到了它的儿女的衷心爱戴。

当波涛汹涌的大西洋吞没了巨大的北极高原时，一个和挪威明显不同的国家——瑞典，依旧存在于斯堪的纳维亚山脉的另一边。人们经常想弄明白的是：这两个国家为什么不合并为一个国家呢？这样一来，就可以省却相当大的一笔行政管理费用了。

由理论上看，这一设想绝对符合实际，可是，这一设想在面对

---

① 汉萨同盟，12—13世纪中欧的神圣罗马帝国与条顿骑士团诸城市之间形成的商业、政治联盟。

此地的地理情况时，就成为泡影。

在墨西哥湾暖流的影响下，挪威的气候温暖，多雨少雪（卑尔根就常年多雨），而瑞典却是典型的大陆性气候，冬季漫长寒冷，降雪量大；挪威有相当多的极深的峡湾，并且它们可以延伸到内陆数英里，而瑞典的海岸低平，除了卡特加特海峡上有一个比较重要的哥德堡之外，几乎不存在任何优良的港口。

挪威几乎没有属于自己的自然资源，而瑞典却拥有一些世界上储量最为丰富的矿石。但煤炭资源却极其匮乏，所以，只好将大量的铁矿砂出口给德国和法国。

可是，在过去的20年里，许多重要的瀑布被瑞典人开发、利用起来，从而改变了对煤炭的过度依赖。森林将瑞典的大部分的土地都覆盖了，于是，这个国家的火柴制造业和造纸业十分有名。

瑞典人和挪威人、丹麦人一样（有人或许会说，除英国人之外的任何日耳曼血统的民族都一样），坚信人的智慧潜力是无限的。所以，瑞典的科学家们恣意地挥洒着他们的聪明才智。结果，在木材加工的废料中，化学家发现和改进了大量的副产品，从而实现变废为宝，比如，电影胶片和人造丝就是由木材废料中生产出来的。

整个斯堪的纳维亚半岛被斯堪的纳维亚山脉恰好一分为二，而瑞典所处的一边阴郁寒冷，且无任何遮挡，所以气候条件恶劣。不过，与挪威相比，瑞典的农业发展水平要更高一些。或许，这是瑞典人特别喜爱花朵的一个原因——冬天是那么漫长和寒冷。所以，鲜花和绿色灌木是每一个瑞典家庭用来点缀房屋的必需品，而这也的确让人眼前一亮。

瑞典与挪威的不同之处有许多。在挪威，黑死病被消灭了，与此同时，古代封建制度也消亡了——作为中世纪晚期的灾难，这种可怕的瘟疫迫使北欧人的勃勃野心和掠夺活动戛然而止。

而瑞典却始终有着占有大量土地的地主，所以，这个国家的贵族直到现在还占有着大量的土地。虽然瑞典现在执政的是社会党（就像大多数欧洲国家一样），不过，斯德哥尔摩依旧是一个充满贵族氛围的城市。当地人严守着宫廷那种优雅的礼仪，这就和高度民主化的奥斯陆和哥本哈根形成了鲜明的对比。

或许，这种发展方式又是因为瑞典奇特的地理位置。由于挪威面临广阔的大西洋，可瑞典事实上面对的仅仅是一个内陆海，而且，它的国计民生及它的历史都和波罗的海密切相关。

只要斯堪的纳维亚半岛尚为人迹罕至的蛮荒之地，那么，位于半岛西面的挪威人和位于半岛东面的瑞典人就不存在任何区别。对外人来说，他们都是"北欧人"。有一句著名的古祈祷词说："仁慈的上帝啊，把我们从北欧人的怒火中解救出来吧！"当谦卑的祈求者唱出这句祈祷词时，并不曾指明这里的"北欧人"到底是哪个国家的北欧人。

然而，在10世纪之后，情况出现了变化。那时，一场浩大、激烈的内战发生在北部斯韦阿兰的瑞典人和南部哥特兰的哥特人之间。斯韦阿兰的首都位于梅拉伦湖畔（即今天的斯德哥尔摩附近）。这两个部落有着相当亲近的血缘关系：他们在相同的神殿里祭祀着一样的神，他们圣城所在地就是现在乌普萨拉发展起来的地方，而乌普萨拉则是北欧最古老、最重要的大学城。

这场内战持续了200多年，从而令贵族的地位大大地提高了，同时也将国王的权力严重地削弱了。也是在这个时候，基督教传入了斯堪的纳维亚半岛，而牧师和僧侣恰好站在贵族一方（在大多数国家，情况恰好相反），最终，瑞典的王权衰落了，所以，在长达150年的时间里，瑞典不得不承认了丹麦的统治权。

那时，瑞典几乎被欧洲彻底忘记了。直到1520年，它才被欧洲人再次想起来。因为这一年发生了让西方世界瞠目结舌的最可怕的、最不可赦的谋杀事件，这一事件甚至让整个人类历史蒙羞。

在这一年，在丹麦国王克里斯蒂安二世的邀请下，当时瑞典所有的贵族领袖都去参加一个盛大的宴会（这是一次可以让国王和他挚爱的臣民之间的全部矛盾统统解决掉的盛宴）。在宴会结束的时候，全部的客人都被抓了起来，有些被当场处死，有些被淹死。

唯一一位幸免于难的、重要的贵族就是古斯塔夫。他是一个名叫埃里克·瓦萨的人的儿子。早在几年前，克里斯蒂安二世就处死了埃里克·瓦萨，幸好，那时古斯塔夫已经逃到了德国。当他听到这场血腥大屠杀的消息时，他立即回到祖国，组织了一场自耕农为主的革命。最终，丹麦人在他的步步紧逼下退回自己的国家，而古斯塔夫则自立为王，当上了瑞典的新国王。

那是瑞典在国内外从事各种异乎寻常的冒险行为的开端，从此以后，这个贫穷落后的小国因为这些冒险行为而成为欧洲新教最坚强的捍卫者，也让自己成为抵御不断强大起来的斯拉夫人侵略的最后一个堡垒。

后来，东方的俄罗斯人在湮没无闻数百年后，最终走上了征战的道路，走上了向海洋进军的征途（直到现在，这些活动还在继续着）。很明显，瑞典是唯一一个感受到俄罗斯威胁的国家。于是，在此后整整200年的时间里，瑞典人为了将俄罗斯人阻挡在国门之外，并使他们远离波罗的海而不断奋斗。

然而，瑞典人最终还是失败了。而且，因为这场经年累月的战争，瑞典的国库被消耗殆尽了，可它也仅仅是把俄罗斯人扩张的态势延缓了几十年而已。

当战争结束时，瑞典，这个一度是波罗的海沿海大部分领土的主人，一度统治着芬兰、英格尔曼兰、爱沙尼亚、拉脱维亚和波美拉尼亚的大帝国，就这样沦落为二等国家，它的领土面积只剩了173，000平方英里了（面积大小在亚利桑那州和得克萨斯州之间），人口与纽约相比还要少一些（瑞典的人口数量是6，141，671，而纽约是6，930，446）。

现在，瑞典一半以上的领土依然覆盖着茂密的森林，因此，瑞典的木材产量可以满足欧洲大陆一半的需求。人们在冬天砍伐树木，并将它们四处堆放，到次年春天时，再将它们从雪地里拖到最近的河流，再投进河谷中。每逢夏天来临，内陆高山上的冰雪开始消融，河水暴涨之时，这些原木就被激流冲到下游的河谷。

迄今为止，瑞典这样的河流还扮演着"铁路运输者"的角色，而且，锯木场也从水流中获得了大量电力。原木被这些锯木场工人从河中取出来，加工成人们需要的各种产品，小至火柴棍，大到4英寸厚的木板。此时，波罗的海已经解冻了，汽船又可以进入东部海岸。于是，这些木材加工品除了伐木工人和锯木场工人工资费用外，就仅仅剩下汽船运输费。

这些汽船还具有双重作用。它们在返回瑞典时会携带一些货物。当然，这些捎带的货物的费用不会太高，因此，瑞典大部分的进口商品始终保持着合理的税率。

同样的方法也用于运输铁矿石。瑞典的铁矿石质量特别优良，以致众多本身就拥有丰富铁矿的国家也由瑞典大量进口铁矿砂。瑞典的领土宽度在250英里以内，到达大海相对容易一些。基律纳（位于瑞典北部）和拉普兰（位于耶利瓦勒附近）都蕴藏着丰富的铁矿石。

或许是由于某种原因，神秘的大自然将如同两座低矮的小山一样的丰富矿藏堆积在地表上。夏天，这些铁矿砂就被运送到吕勒奥（位于波罗的海的北部的波的尼亚湾）；冬天，当吕勒奥的港口封冻后，铁矿砂就被运送到纳尔维克港（位于挪威）——这是由于纳尔维克港受到墨西哥湾流的影响，全年不结冰。

瑞典最高峰凯布讷山（高约7000英尺）就位于距这些铁矿不远的地方，欧洲最重要的一座发电站就矗立在那里。尽管这座电站位于北极圈以内，不过，电力好像并不曾因为纬度而受到影响，因此，它可以给铁路和露天矿山机械设备提供源源不断的廉价电力。

冰川将从斯堪的纳维亚半岛北部刮走的一部分土壤带给了瑞典南部，所以，这个地方成为整个半岛土壤最肥沃、人口最密集的地区。

此外，瑞典还拥有大量的湖泊。事实上，瑞典是全世界仅次于芬兰的"湖泊王国"，它的湖面面积达14,000平方英里。瑞典人将这些湖泊和运河连接起来，并将最廉价的运输方式提供给整个国家的各个区域，这不但为像东南部约特兰地区的北雪平这样的工业中心带来巨大的好处，而且，也让像哥德堡和马尔默这样最重要的港口受益多多。

在一些国家，大自然将人类彻底控制着，直到人类成为大自然的奴仆；在一些国家，大自然被人类彻底破坏了，以致这位伟大的母亲和人类断绝了联系——要知道，这位母亲必定会和世界万物永生共存；而在另一些些国家，人类则和大自然互相理解、互相尊重，和谐共处。

假如你想寻找证明后者的例子，那么，不妨去北方吧，去斯堪的纳维亚半岛上的三个国家旅行吧！

第20章　荷兰

建立在北海岸边沼泽地上的王国

　　"荷兰"是一个仅在正式场合下才使用的名称，并且，也恰当地说明了这个名词所蕴含的本意——处于海平面以下2至16英尺的低洼地区。假若再来一次史前规模的大洪水，那么，阿姆斯特丹和鹿特丹就会消失在人类的视野中了。

　　然而，荷兰却由于这种极其明显的、恶劣的自然环境而激发出发愤图强的原动力。

　　要知道，倘若想在北海岸边的这些沼泽地里掌控这个国家，没有足够的力量和意志是不行的。这里的人们在这个地方建立起这个国家之前，曾发挥自己的智慧和无情的大自然展开了艰苦卓绝的斗争，最终，胜利站在了荷兰人一边。

　　而荷兰人也由这场与自然的战斗中学会了勤奋努力、谨慎细致。要知道，这样的品质在我们生活的这个世界里是有很高的价值的。

　　大约公元前50年，罗马人来到这个地方。当时，这片欧洲的土地还十分偏僻荒凉、渺无人烟，遍地都是泥塘和沼泽，一条狭长的低矮沙丘带由比利时延伸到丹麦，将北海的惊涛骇浪阻隔开。无数的河流和小溪将这条沙丘带截成不规则的地带。

　　莱茵河、默兹河和斯海尔德河是这些河流中最重要的三条。这三条河流一点儿不受堤坝的限制，自由自在、随心所欲地流淌着。每逢春天的时候，它们就会改变河道，让原本的陆地成为岛屿，也可以将像曼哈顿那样坚固的岛冲刷得杳无踪影。

　　我并不是在这里夸大其词，13世纪时就曾发生了这样一个悲惨的事件：一夜之间，70个村庄和将近10万荷兰人被河水冲走，从此无影无踪。

　　与那些居住在坚硬土地上的邻居弗拉芒人相比，这些早期的荷兰人过着十分悲惨的生活，然而，或许是波罗的海的水温或盐度发生了一次神秘的改变，让他们获得了良好的发展机遇。在让人意想不到的一天，现在所知的鲱鱼由波罗的海游到了北海。

在那个时代，每周五吃鱼成了所有欧洲人的惯例；鱼成了人类餐桌上的主食，重要程度远远超过现代。而鲱鱼迁徙路线的改变，代表着无数波罗的海沿岸的城市衰败下来，而无数荷兰沿岸的城镇却飞快地崛起。

从此以后，荷兰的这些城镇就以把干鱼出口到南欧地区为业。后来，鱼罐头又取代了这些干鱼制品。就这样，在鲱鱼贸易的带动下，荷兰的谷物贸易得到了发展，在谷物贸易的推动下，印度群岛的香料贸易得到了发展。尽管这种发展一点儿也不独特，却是那么顺理成章，任何商业国家都是依靠这种途径自然而然发展起来的。

然而，命运之神却对各种现实因素熟视无睹，它让哈布斯堡帝国成为所有低地国家的统治者。新来的统治者颁布法令，在这个国家里，所有健壮渔夫和农民都必须服从哈布斯堡军官的管理。这些军官成长于在荒无人烟、狂风肆虐的山野之中，并在绝对独裁的宫廷中受过严格训练——这两类人之间注定存在着重重矛盾。最终，导致一场长达80年的自由之战，而低地之国的人民成为战争的胜利者。

自此，实用主义者成为新成立的荷兰的统治者，而"自己活，也让他人活"的原则，正是他们极其信奉的，这一点在利益分配时表现得尤其突出。所以，荷兰为那些在其他国家因信仰、宗教或其他问题遭受迫害的人提供了热情的款待和庇护。大多数难民（当然，不包括少数默默无闻的英国持异议者，因为这些人在这个地方居住的时间都相当短）成了这个国家忠实的居民，在这个地方开始了一种全新的快乐生活。

不管这些人来自何方，新移民们都会将自己丰富的学识和思想带到荷兰，进而将自己的聪明才智和商业才能无私地奉献给了这个新的祖国。独立战争结束后，100万荷兰人生活在建立于古老湖地和沙岛上的小城市里，甚至担起了引领欧洲和亚洲发展走向的重任，其后的三代人为之奋斗不已。

随后，他们把钱大量投资在房地产和外国名画（与国内那些画家创作的作品相比，这些画当然要好得多）上，过着养尊处优的日子。他们尽自己所能让邻居们忘记他们的财富来源，可是没过多久，他们也被财富忘记了——世界上的万事万物都是变幻不定的，特别是人类的精力。那些不再努力维持已经获得的一切的人，没过多久就会失去一切。当然，思想和财富也包括在内。

19世纪初，荷兰开始走向败落。好战的拿破仑宣称，因为低地之国是由法国的三大河流（莱茵河、默兹河和斯海尔德河）冲积而成的三角洲，所以，从地理学角度而言，这个国家应该归法兰西帝国所有。于是，拿破仑名字的首字母（一个大大的"N"）潦草地出现在一份文件的底部，而这份文件将这个存在了整整300年的国家的命运彻底地改变了。就这样，荷兰作为一个国家在地图上消失了，转而成为法国的一个省。

1815年，荷兰再次赢得独立，从前的国家运作方式也得以恢复。那时，荷兰的海外殖民地面积是本土面积的62倍，这让像阿姆斯特丹和鹿特丹等城市始终保持了东印度产品集散中心的地位。而荷兰从来就不是一个工业国家，除了最南边有少量品质差的煤矿外，在荷兰本土基本上没什么有价值的资源。

所以，荷兰可以为其殖民地提供的原材料，还不到从这些殖民地进口的货物量的6%。同时，爪哇、苏门答腊、摩鹿加、加里曼丹岛和苏拉威西岛发展茶叶、咖啡、橡胶、奎宁的种植业都需要大量的资金，这就使得阿姆斯特丹成为最早的股票交易的主导者，以及当时欧洲的股票交易中心，也因此成为各国商人和政要筹措资金的必到之地。

　　与此同时，这里也成为来往于欧洲的所有日用商品的交易地，这就使当时荷兰的运输船舶总吨位一举跃居世界第五位。

　　与其他国家相比，荷兰国内从事运输的商船总吨位更高。荷兰的水路四通八达，交通极为方便。由于运河船运成本低，加之在荷兰人日常生活中，时间因素不占重要地位，所以，你可以看到，在荷兰，无论男女老幼，还是牛、马、狗，都过着慢慢腾腾的悠闲生活。所以，直到最近，运河船运仍旧是荷兰铁路运输业最有力的竞争对手。

　　实际上，荷兰的很多运河仅是排水渠道，要知道，这个国家1/4的领土压根儿就不是陆地，就一般意义而言，它只是一小片海底罢了。荷兰人将大量的劳动投入到以前鱼儿和海豹生活的地方，靠人力将海水排干，并靠着祖祖辈辈的勤奋、努力，将这些土地开垦出来。从1450年开始，借助于排干沼泽、围海造田，荷兰新增了数千平方英里的"人造"国土。

　　如果你知道围海造田是怎样做的，那么，你会发现，做起来其实没那么难。首先，将一道堤坝建在选中的水域四周，然后，在堤坝外面挖掘出一条又宽又深的运河，从而让运河和临近的河流相通，这样一来，建成后的运河就能用一个复杂的水闸系统将日用废水排进河流之中。之后，将一些风车建在大坝高处，并为这些风车配备一台抽水机。

　　然后，剩余的事情就靠风和一个小型汽油发电机完成了。当抽干所有的湖水并将其排进运河后，大量平行的沟渠就在其后的围垦地中被开挖出来，风车和抽水机一直持续地工作着，如此一来，这些新开垦出来的水渠就会变成干燥的陆地了。

　　其中一些围垦地的面积非常大，可供两万多人居住。如果抽尽须德海的海水（此工程或许耗资巨大），那么，这里就可以为10万多人提供生活所需的土地。当围垦地占到了这个国家1/4的领土时，你就会很容易理解，为什么荷兰政府的河流部、运河部与堤岸部每年的经费开支要远远超过其他政府部门了。

和荷兰繁荣富庶的低洼地区不同，海拔高一些的东部地区，一度是欧洲中央大平原与大海的衔接地带，也是由三条河流（莱茵河、默兹河和斯海尔德河）冲积而成的沼泽三角洲的上游地带。不过，迄今为止，对任何人来说，东部高地都是没什么利用价值的。在过去的数千年里，它始终是北欧冰川所制造的冰砾和卵石的聚集地。

所以，在一定程度上，这里的土质与新英格兰①的土质存在相似之处，不同之处在于，荷兰土壤的含沙量更大一些。而这也让荷兰的统计数据更加扭曲：荷兰的人口密度是每平方英里625人（法国是每平方英里191人，俄罗斯每平方英里仅为17人），而且，荷兰25%以上的土地"实质上属非生产性土地"（这一比例在法国为15%以下，在德国为9%以下）。

这种存在于东部与西部、繁荣与萧条之间的极其显著的差距，也说明了荷兰几乎任何一座重要城市都处在围堤中心的那一小块三角洲上的原因。

阿姆斯特丹、哈勒姆、莱顿、海牙、代尔夫特和鹿特丹紧挨着，形成了实际上的一个大城市群，而且，这些城市都与荷兰那些著名的防护沙丘邻近——300年前，荷兰商人从波斯人和亚美尼亚人手中买回了许多郁金香花种，然后，这些美丽的球根类花卉在这些沙丘下安了家，得到了荷兰人的精心培育。

---

① 新英格兰，英国早期移民的聚居地，位于美国大陆东北角，濒临大西洋，毗邻加拿大。

同样都是面积很小的国家，希腊的雅典城小得可怜，仅有纽约市的8个街区那么大；在荷兰，即便是一辆老式的廉价小汽车，也只需数个小时就可以载着你由荷兰的一边跑到另一边。然而，荷兰和阿提卡地区一样位于莱茵河、北海与须德海之间的狭长地带，如果用人口数量与领土面积的比例加以衡量，与其他任何地区相比，它们为世界科学与艺术发展做出的贡献都要更大。

你可以说，雅典是在贫瘠的石头上建立起来的，荷兰是在积水的沼泽中诞生的。

可是，它们突然具有了两个相同点，那就是从国际贸易角度来看的优越的地理位置，以及旺盛的动物精神和神圣的好奇心。于是，在文明的长河中，它们或者斗争，或者灭亡。就这样，属于它们的辉煌时代来临了。

第21章　英国

负担着世界1/4人口的幸福国度

直到数年前，这一章的标题还应是"大不列颠与爱尔兰"。然而，人类强硬地将大自然的创造加以改变，把地理上的一个联合体一分为二，成为两个独立实体。这一改变是任何顺从的写作者都必须遵守的，所以，我只好以不同的章节对这两个独立的国家进行分别介绍。

恐龙不会画地图，然而，岩石却无声地讲述着它们的故事。岩石随处可见，其中包括火山喷发的岩浆在地表冷却生成的火成岩，因重压而形成的花岗岩，在江河湖海底部长年累月沉积而成的沉积岩，还有看起来与板岩和大理岩一样，实际上是石灰岩和黏土的变质岩。这些岩石因为地球深处微妙的化学变化而变成更有价值的物质。

这些岩石随处可见，杂乱无章地堆积在一起，就如同一场飓风突袭了一间堆满家具的房间一样。我们因它们的存在而获得了一个相当有趣的地质实验室。它们也告诉我们，为什么英国人对于打野兔的热忱远远超过了对搜集科学数据的兴趣。可值得玩味的是，这个国家却培育出了众多一流的地质学家。

当然，换个角度说，正是由于英国拥有众多出色的地质学家，所以，我们对英国的地质结构的认识远超其他国家。

世界上最好的地理学和地理学家都在英国，那么，对于自己祖国的起源，他们都持有怎样的观点呢？

请你试着淡忘你早已知道的欧洲地图。请你假想一个刚刚从海平面冒出来的世界，它仍旧在新生的努力中晃动、震颤着……

接下来，请你试着描绘出一幅这样的画面：一片广阔的大陆突然间破水而出，高高地耸起，忽然间，它因一场大爆炸而被炸得岩石纷飞、尘土漫天，就如地下管道的爆炸导致纽约市的水泥路面被炸开一样。

与此同时，大自然实验室的力量持续耐心地工作着——由海洋上吹过来的源源不绝的海风携带着数十亿吨的水汽，由西向东穿过大地，滋润着这片浩瀚的大陆，广袤无垠的绿草与蕨类植物遍布在大地上。

慢慢地，低等植物进化、长成了参天大树和灌木。就这样，一天天，一年年，海浪不知疲倦地拍打着、撞击着、研磨着、挤压着海岸，直到海岸凋枯、崩溃，就如同冰雪在烈日下片片消融一样。然后，猛然之间，从最高山脉的顶部裂开的冰雪如同一面缓慢的、无情的死亡之墙，以迅雷不及掩耳之势滚落下来，向宽阔峡谷的斜坡呼啸而去，一瞬间，冰块和碎石将又深又窄的峡谷填满了。

先是阳光普照，继而大雨倾盆，接着冰雪消融，随后海浪侵蚀……就这样，季节不停地交替，循环往复，这就是人类最开始在这个星球上所见的景象。

这块长长的狭窄土地被一条洪水泛滥的峡谷和外面的世界隔开。这条峡谷由北冰洋一直延伸到比斯开湾。耸立在海浪上的另一块高原位于这片波涛汹涌、阴晴莫测的狭窄水域的对岸。几块孤零零的礁石伸出海面，成为海鸥的栖息地，而不是人类的居住地。

那就是英格兰相当模糊的形成过程。现在，我们翻看现代地图，看看可以看到什么。

由设得兰群岛到兰兹角之间的距离，和哈德逊湾或南阿拉斯加到美国北部边境线的距离一样长；为了方便欧洲人理解，我们可以说，这个距离相当于由挪威的奥斯陆到捷克的布拉格。这表明，英国作为世界上人口最稠密的国家之一（英国拥有4500万人），处于北纬50°—60°之间，而阿拉斯加对面的堪察加半岛则和它位于相同的纬度上——堪察加半岛的人口不足7000人，只有靠捕鱼才能活下来。

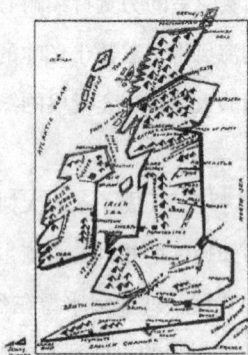

英格兰、苏格兰和爱尔兰古地图

英国的东部临近北海，那是一个古老的洼地，等水慢慢积满，就变成了海洋。

我再一次强调，看一眼地图，胜过千言万语。

法国位于英国的右面（即东面）。英吉利海峡和北海就如同大道上的一条小沟，将两国分隔开来。伦敦位于英格兰平原中部最深的低谷处，然后，就是威尔士的高山。再往西分别是另一个低洼地、爱尔兰海、爱尔兰中央大平原、爱尔兰山脉以及西边浅海中露出的几个孤岛。圣基尔达岛（由于路途艰险，极难到达，直到去年才有人居住）排在最后。随后，地势直线下降，直到这里，才是欧亚大陆的终点。

我要详细地介绍英国周围的海、海湾和海峡的情况。我已经尽全力在这本书中将一些不必要的名字写清楚，从而避免你到最后将前面的内容忘得一干二净。不过，此时此刻，我们就站在这块古老的土地上，这个神奇的小岛曾对全世界产生了大约400多年的影响。然而，这绝对不是机缘巧合，也不是什么种族优越理论。

不容置疑，确实是英国人自己抓住了大好的发展机会。他们从大自然那里获得了无限的便利——这个可爱的小岛正好位于东半球大陆群的正中心。

假若你想弄明白正中心代表着什么，那么，请你想一想可怜的澳大利亚吧——它孤独地处于无边无际的海洋中，没有更多可依靠的邻居，更没有获得新思想的机会。

与澳大利亚相比，英国所处的地理位置就如同一个大大的蜘蛛网中的蜘蛛，与世界四个角的距离相等。而且，不同于蜘蛛网的地方就是，它四周便利的海水组成了一条护卫本土的天险，使英国得以免受外敌的侵袭。

当然，只要地中海始终保持着人类文明的中心的地位，那么，这个特别的地理位置就不具备特殊的价值。直到 15 世纪末，大多数人还认为，英国仅仅是一个遥远、偏僻的小岛，这种看法和今天的人对冰岛的看法一样。

公元 1000 年前，英国在人们心中的印象就是要连续晕上三四天船才能到达。请记住，当时的罗马帆船远不如现在从利兹港开往雷克雅未克的大型航船舒服。

然而，慢慢地，这个位于地中海文明之外的小岛被人们越来越多地了解了。那里居住着的野蛮人喜欢文身，居住在半埋于地下的圆形小屋里，小屋的周围围绕着低矮的土墙。最终，罗马人将他们驯服了。根据他们所说的语言来看，罗马人推测，北高卢的凯尔特人与他们同属一个民族——总的来说，这两个民族都非常淳朴、温驯，他们愿意向罗马人朝贡，而不会过多地谈论自己应该享有的"权利"。

他们是否真的拥有所占土地的"权利"，还让人感到怀疑，不过，由于有很多明显的证据证明他们也是新来者，这些土地得自比他们更早的居民手中，而那些更早的居民的踪迹仅在岛屿相当偏僻的地方才能找到。

粗略地说，古罗马人占领英国的时间长达400年，差不多和白人在美洲的统治时间相同。有一天，罗马人的末日猝然之间到来了。在长达500年的时间里，罗马人都可以将饥饿的条顿民族阻遏于自己的势力范围之外。可是，罗马人坚固的防御战线最终还是坍塌了，如洪水般的条顿人将西欧和南欧洗劫一空。为此，罗马皇帝不得不赶快将其驻外的军队调回罗马拱卫。

当然，不会有任何帝国会承认，自己是在片刻之间被打败的，直到数年之后，这个帝国消失了，人们才恍然大悟。而奉命保卫英国东部边境的，仅为罗马帝国留下的几个军团，他们的任务是防备居住在苏格兰不可逾越的崇山峻岭中的野蛮人突然对英国大平原进行侵袭，与这些军团一样，一些城堡中，也有士兵奉命守卫着威尔士的边界。

然而，有一天，定期送补给的船却再也没能跨海而来。这代表着敌人战胜了高卢人。从那之后，这些驻守在英国的罗马军人和祖国的联系就被切断了，而且，此后再也不曾恢复。

没过多久，从沿海城镇传来了消息，一些外国船只出现在亨伯河与泰晤士河河口，达勒姆、约克、诺福克、萨福克和埃塞克斯的一些村庄遭到攻击和抢劫。罗马人从未想到将防线设立在东海岸线上，因为在他们看来，这是毫无必要的。

但是，条顿人的先遣部队却在一些神秘的压力（究竟是饥民、游民还是后方的敌人，这在历史上还是个未解之谜）的驱动下，跨过多瑙河，越过了巴尔干和阿尔卑斯山山脉。现在，它又引领撒克逊海盗团的先锋队，从丹麦和荷尔斯泰因抵达了英国沿海。

当时，罗马的政府官员、卫戍部队、女人和儿童，都还居住在那些美丽、迷人的别墅里，尽管现在我们还可以看见它们的遗迹，不过，当时的别墅原貌已经神秘地、静静地消失于人们的视线中，就如同居住在弗吉尼亚和缅因州沿岸最早的白人定居者的痕迹早已在地球上消失得干干净净一样。

这些罗马最后的殖民者就这样消失了——有些人死于其仆人之手，而当地的好心人则娶回了幸存的女人。骄傲的罗马殖民统治者的命运竟然这么奇特，但是，这确实是那些没能踏上最后一班返回罗马的船只的"殖民地居民"的结局。

从那以后，暴乱频繁发生（一群从苏格兰和喀里多尼亚来的野蛮的"斧头帮"对当地的凯尔特人进行疯狂的屠杀，而凯尔特人正是在罗马人充当国内和国际警察的那几百年里逐渐崛起的）。然而，在这样悲惨的气氛下，凯尔特人竟然犯了一个十分要命的错误——到其他地方招募来一些强壮的人为自己战斗。

要懂得，看似聪明的主意一定会招致大灾难。于是，众多强壮的人由艾德河与易北河之间的沼泽和平原上到达这里，这些人来自一个名叫撒克逊的部落，不过我们无法从他们的名字上看出有关他们起源的可靠信息，原因是德国的北部全是撒克逊人。

这些撒克逊人为什么要为自己加上"盎格鲁"这一称谓，至今还是个未解之谜。实际上，盎格鲁-撒克逊人这个称呼第一次出现，还是在他们登上英国历史舞台的数百年之后。现在，这一称呼变成一个激发人们斗志的口号：盎格鲁-撒克逊人的血统——盎格鲁-撒克逊人的传统。

好了，神话故事总是下一个更加精彩，所以，假如这个故事能让一些人觉得自己比他人优越而兴高采烈，那又何乐而不为呢？

但是，历史学家一定会非常遗憾地宣称，盎格鲁人是早已消失的古代以色列十个支派中很小的一支（历史学家经常在编辑史书的时候提及这些失散的部落，不过无人发现过他们的踪迹）。至于撒克逊人，他们仅仅是从北欧来的标准的游牧部落，30年前，人们或许还可以在远洋轮船的下等舱中看见过他们。这些人强壮、悍勇，对工作、打仗、游乐，甚至是劫掠都满怀强烈的兴趣。这让他们的祖先花了整整500年的时间，才把世袭领地组织、管理起来。

在此期间，他们逼迫可怜的本土凯尔特人说撒克逊人的语言，于是，凯尔特人很快就把从尊贵的罗马主妇厨房里学来的那几个拉丁字母忘得一干二净了。正所谓因果循环，后来，在条顿人的移民大潮中，盎格鲁－撒克逊人第一个被赶出了英格兰。

1066年，英格兰成为诺曼的一个附属国，这是不列颠群岛第三次非志愿地承认自己是海外最高统治者的附属品。然而，没过多久，情况就截然不同了。诺曼人认为，可以从英格兰这块殖民地获得远比从自己的祖国法国多得多的投资利润，为此，他们离开了欧洲大陆，跨海而来，永远在英格兰定居了。

最终，对英格兰的统治权和自己在法国的财产，诺曼人统统失去了，而这却成为英格兰最大的幸运。此后，英格兰人不再对大陆保持永恒的向往，反而开始意识到大西洋的存在。就算是这样，假如亨利八世不曾爱上一个名叫安妮·博林①的女子，可能英格兰也不会走上航海之路。安妮·博林告诉亨利八世，要想深入她的心灵世界，就一定要经过一座堂皇、巍峨的大教堂——这就代表着亨利八世一定要先和他法律上的妻子（即血腥玛丽②之母）离婚。

英王离婚这件事造成了英格兰和罗马教廷的彻底决裂，甚至将

---

① 安妮·博林（Anne Boleyn，1501—1536），英格兰王后，英王亨利八世的第二任妻子，伊丽莎白一世的生母。

② 血腥玛丽，也就是玛丽一世（Mary I，1516—1558），英格兰和爱尔兰女王（1553—1558），即位后在英格兰复辟罗马天主教，曾下令将300名反对人士烧死。这让其获得了"血腥玛丽"的绰号。

整个基督教世界至高无上的教皇管理权的权威都动摇了。要知道，西班牙一向和教皇站在同一阵营，所以，英格兰人一定要学会利用航海保卫自己，不然的话，这个独立的岛国就会消失，进而成为西班牙的一个行省。

正是在这种错综复杂、离奇曲折的情形下，这场王室离婚风波促使英格兰人成为出色海员。与此同时，他们还学会了新的贸易方式，而英格兰优越的地理位置又帮助他们完成了一桩桩震撼历史的大事件。

然而，这种改变必然会导致激烈的国内斗争。所有有理性的人都不希望看到一个阶级为了实现另一个阶级的利益而自取灭亡。所以，自诺曼人的统治结束后，那些掌握了国家最高权力的封建大地主们就尽其所能地反对或阻挠国家放弃传统农业的政策，并且，也激烈反对商业资本开拓海外贸易的努力。

当然，这其实是很自然的事情，封建主义与资本主义从来就互相敌视。中世纪的骑士瞧不起商业贸易，认为这不是自由人做的事情。在他们看来，商人就如同私酒贩子，你可以对他们加以利用，却绝对要禁止他们进入你家的大门。

所以，当时的英格兰从事商业贸易的都是外国人，而且，主要是德国人，以及从北海和波罗的海来的著名的"东方人"。正是这些东方人让英国人第一次认识到钱币的价值，而"伊斯特利斯镑"也成了英镑的前身。

曾经，犹太人被驱逐出境，禁止踏入英格兰的国门。莎士比亚塑造夏洛克的素材也只是来自于口口相传。英国人仅在沿海城镇从事一点儿渔业贸易，因此，数百年来，英国的农业生产始终处于主导地位。大自然也对这片土地格外厚爱，这里是发展畜牧业的宝地，这是由于英格兰的土壤中含沙量相当多，这对于谷物的生长很不适宜，相反，这里生长着适合牛羊吃的茂盛的青草。

英格兰全年2/3的时间都刮着西风（是连续不断地刮），这意味着丰沛的降雨。如果一个人选择在伦敦消磨冬日的时光，那么，他必定会对绵绵不绝的阴雨记忆犹新。

就像我向你介绍北欧各国时所说的那样，现代农业已不再像1000年前或100年前那样完全靠自然的恩赐了。尽管目前我们人工降雨还难以实现，不过，我们从化学工程师们那里已经学会了怎样克服重重困难。然而，在数百年前，乔叟①和英国女王伊丽莎白一世②认为，任何自然灾害都是上帝的旨意，根本没法无法补救或挽回。

而这个岛的地质结构又一次将极大的福利提供给东部的地主们。不列颠群岛的横断面就如同一个汤盘，西高东低。就像前面提到的那样，英国属于一块古老大陆的一部分，海水和海风将英国东部最古老的山脉侵蚀掉了，而西部正在形成中的年轻山脉依旧笔直地耸立着，再过1000万年或1500万年才会消失。

这座年轻的山脉横亘在这个名叫威尔士（少数几个幸存的凯尔特语词汇之一）的领土上，它就如同一道围墙，大大消减了大西洋狂风暴雨在到达东部地区之前的威力。暴风雨的暴脾气一下子变得如此温驯，为此，东部大平原始终享有适宜谷物生长和畜牧业发展的理想的气候条件。

后来，由于汽船的发明，我们可以由阿根廷或芝加哥订购谷物；原因是随着冷藏技术的广泛使用，冷冻肉可以由世界的这一端被运

① 乔叟（Geoffrey Chaucer, 1343—1400），中世纪最伟大的英国诗人，代表作有《坎特伯雷故事集》等。
② 伊丽莎白一世（Elizabeth I,1533—1603），英国都铎王朝最后一位君主，英格兰与爱尔兰的女王(1558—1603)。其统治时期在英国历史上被称为"黄金时代"。

送到另一端。假如支付得起费用，每个国家都无须绝对依赖自己国家的农场和农田来满足自己的国民。直到100年前，整个世界的主宰者还是那些粮食供应商。无论何时，假如他们打算锁上粮仓，数百万人就会慢慢饿死。

南面和英吉利海峡相临，西面和塞文河（这条河将威尔士与英格兰隔开，最后流入英吉利海峡）相接，北面靠着亨伯河与默西河，东面和北海的广阔大平原相连，是古老的英格兰最重要的一部分，原因就在于，它是这个国家粮食的主要出产地。

当然，我所说的这块大平原，并不是我们一般意义上的平原。英国的中央大平原并不像美国的堪萨斯大平原那样好像一块扁平的薄饼，而是高低起伏，参差不齐。泰晤士河（几乎和哈德逊河等长，它们的长度分别为215英里和315英里）从平原中部穿流而过。

泰晤士河发源于科茨沃尔德群山，这里以绵羊和巴斯城闻名于世。早在罗马人统治的时代，那些为难以下咽的英国饮食所苦之人经常聚集在这里，为增强体质而在热热的钙钠泉里洗澡，然后，再回去接着吃那些半生不熟的厚厚的牛排和水煮蔬菜。

泰晤士河从奇尔特恩丘陵和怀特霍斯丘陵流过，将便利的日常用水和划船的理想场所供给牛津大学，最后，才注入位于东安格利亚山和北唐斯陡坡之间低洼的泰晤士河谷。假如由白垩石构成的多佛海峡没有将大西洋与北海连接处的松软泥土啃噬掉，那么，泰晤士河或许会一直流到法国。

伦敦，就坐落在泰晤士河河畔。就像罗马和其他可以追溯到久远岁月的城市一样，伦敦的出现是必然的结果，而不是统治者一时的心血来潮。它之所以会出现在这里，完全是经济发展的需要。当时，为了连接南英格兰和北英格兰的交通，人们认为，在泰晤士河上建造一座桥非常有必要。而伦敦城崛起的地方，正好是航运的终点。幸好，泰晤士河河面很窄，所以，2000年前的建筑师造了一座安全、牢固的石桥，可以让商人们由河这边走到河那边，而不至于弄湿鞋子。

当古罗马人离开英国时，大不列颠群岛发生了相当多的变化，但伦敦依然矗立在那里，它的人口现在已经高达800万，比纽约整整多了100万。伦敦的占地面积为古代最大的城市——巴比伦城的5倍，巴黎城的4倍。伦敦市布满低矮的建筑。出于对个人隐私的保护，英国人不喜欢住在蜂巢一般的房子里，结果，伦敦市始终在水平方向扩张，而美国的城市则与之截然相反，是垂直地扩张的。

伦敦的中心（也就是"城区"），现在几乎不存在什么工厂。1800年时，城区居民是13万，现在，这一数量锐减到不到14，000人。不过，因为英国在国外企业上投入了庞大的资金，每天，差不多有50万人来到城区上班，对数十亿英镑的流动资产进行管理，对从殖民地运来的多得数不清的货物进行监管。这些货场分布于伦敦塔到20英里之外的伦敦桥下的仓库之间。

为了确保泰晤士河时刻保持畅通无阻，妥善管理南来北往的运船的唯一办法，就是在将大量的码头和货仓修建在沿河两岸。对于那些想了解国际贸易的人来说，应该到伦敦这些码头去看看。他们会发现，与伦敦相比，纽约在一定程度上仅仅是一个小村庄而已，距离国际贸易主干线还相差甚远。

最终，这或许会发生变化。世界商业中心看上去有了西移的趋势。不过，伦敦仍旧在国际贸易中处于至高无上的地位，而纽约仅仅是刚开始学习贸易入门知识。

刚才所说内容已经离题万里了，还是让我们言归正传吧。

此时此刻，我一定要回到1500年前的英国大平原。平原的整个南部边缘都是山。康沃尔半岛位于最西端，从地质方面来看，它是被英吉利海峡切断了的法国布列塔尼半岛的延续。

康沃尔是一片神奇的土地，直到200年前，这里的凯尔特人还保留着自己的语言；山上还矗立着许多奇形怪状的石柱（它们在各个方面都和布列塔尼半岛上的石柱特别像），这证实了以下理论：在很久以前，这些地区的居民都属于同一民族。

附带说一下，康沃尔半岛还是来自地中海的水手发现的第一块英国土地。腓尼基人出于寻找铅、锌、铜（请记住，这个民族最辉煌的时期就是金属时代初期）的目的，曾一度驾船远航，最远到达北方的锡利群岛。他们曾与来自大陆的野蛮部族相遇，并和他们进行过贸易。

普利茅斯是康沃尔半岛上最重要的城市，也是一个军港，这里平时很少见到船只，间或有几艘大西洋的轮船出入。布里斯托尔海峡则在康沃尔半岛的另一边，它在17世纪时的地图上被标记为"错误的海峡"，原因是由美洲返回的船长经常将它误认为是英吉利海峡，于是，指挥船只进入这个海浪达40英尺高的海峡。结果，这儿经常发生船毁人亡的航海事故。

威尔士群山位于布里斯托尔海峡的北部。早在煤、铁、铜矿藏在安格尔西岛被人发现之前，没人重视这个地区。正是由于这些矿产的发现，使得这一地区成为整个联合王国最富裕的工业区之一。

加的夫是世界上最大的煤炭工业中心之一，过去，这里曾是古罗马帝国的军事要塞。一条连接加的夫和伦敦的铁路线由塞文河下穿过。在工程建筑领域，塞文河铁路隧道工程获得了极高的赞誉，这与将威尔士大陆、安格尔西岛和霍利黑德岛连接起来的大桥工程获得的赞誉难分伯仲。通过这座大桥，人们从霍利黑德出发，可以直达爱尔兰都柏林的港口金斯敦。

古老的英格兰呈四边形，这里的所有城市和村庄都有着悠久的历史，久远到我都害怕自己一旦提及它们的名字，就会将这一章由介绍英国地理变成介绍世界地理。

直到今天，这片土地还是英国地主阶级的支柱。大地主在法国相当少见，然而小地主的数量却极为惊人，达到英国的10倍之多。丹麦小地主的比例更高。当然，这些乡绅阶级已不再拥有从前那样的重要地位，现在，他们打发时光的方式就是教其他地方的人如何正确地穿高尔夫球裤和狩猎，除此之外，似乎也没有其他更有价值的生活方式了。

然而，这并不是由于他们缺乏美德，而是社会经济生活在詹姆士·瓦特发明了实用而有效的蒸汽机导致的剧变的结果。当这个毕业于格拉斯哥大学、擅长数学的发明家开始对他的祖母的茶壶进行研究时，蒸汽机还仅仅是实验室里的气泵。等瓦特离开人世后，蒸汽机已经处在了至高无上的地位——从此以后，土地已不再是财富的唯一来源。

19世纪前40年，英格兰的经济重心开始一改自古以来的特点，由南方迅速向北方转移：曼彻斯特的棉纺织业转移到兰开夏郡，在蒸汽机的驱动下，那里的机器飞速地运转着；利兹市和布拉德福德的毛纺织业转移到约克郡，又是在蒸汽机的推动下，那里成为世界毛纺织工业中心；在"黑乡"伯明翰生产的数以百万吨的钢板与钢梁，制造出数量惊人的船只，从此，大不列颠群岛生产出来的产品被运送到世界各地。

蒸汽机取代人力从而引发的社会剧变，是人类历史上最伟大的变革。当然，蒸汽发动机不会思考，它们需要人类来操作，为它们添加燃料，对它们进行照管，让它们什么时候工作就什么时候工作，让它们什么时候停止就什么时候停止。人人都能从事这项简单的工作，好像仅须动动手就可以发财致富。来自城市的诱惑让乡下人无法阻挡，于是，城市得以飞速地扩张，那些出租公寓的承包商变得越来越富。

在很短的时期里，英国的城市就接纳了80%的农村人口。就是在那个时期，英国将大量的财富积累下来，即便英国将其他资产消耗殆尽，这笔财富也足以让它支撑相当长的时间。

现在，很多人都会提出下面这个问题：英国是不是已经到了支撑的极限了？这个问题只有时间可以回答：或许是10年，或许是20年。对世界来说，接下来会发生什么事，是一件很有意思的事情。

大英帝国从崛起直到今天，完全是一连串偶然事件导致的结果。从这一方面来看，它的发展和罗马帝国特别相似。作为地中海文明的中心，罗马帝国为了保持自己的独立地位，必须和四邻作战。一旦英国成为大西洋文明的中心，那么，它也不得不走上与古罗马人相同的道路。

现在，世界范围内的大掠夺好像已经快要结束了。经济和文明正在穿越海洋，短短几年前尚是大帝国的中心，没多久就会成为一个人满为患的岛国。

这看上去十分糟糕，可是，这样的事情就发生在我们身处的地球上。

苏格兰

罗马人清楚苏格兰的存在，就如同美国人的祖先清楚大西洋沿岸的五族联盟^①的存在一样。在帝国最远的防线和诺森伯兰郡人最远的茅舍的北面,有一片荒凉的山区,那里是一个由牧羊人和牧主组成的野蛮部落。他们的居住环境和当时其他的许多地方一样,就仿佛传说中的那样简陋。

当时,他们还处于母系社会阶段。除了几条仅供马儿行走的陡峭的羊肠小道外,这个大山中还没有其他道路。对任何文明形式的教化,苏格兰人都采取激烈抵抗的态度,所以,严格地执行"敬而远之"的政策,显然是管理这片土地的最好方法。

可是,古代的苏格兰人还是一群可怕的强盗,他们会猛然之间由山上冲下来,把切维厄特丘陵上的绵羊和坎伯兰郡的牛群偷盗一空。为了保护这些地区,人们采用了一个聪明的办法——一道高墙从泰恩河到索尔威被修筑起来,罗马人一抓到这些盗贼,就将他们用剑刺死或者钉在十字架上折磨至死。

这种方法的确起到了作用。在罗马人对苏格兰统治的400年间,苏格兰人除因几次大规模的侵犯而受到惩罚外,几乎不曾得到任何文明的恩赐。唯一与他们保持长期贸易关系的,就是他们在爱尔兰岛的表亲——凯尔特人。除此之外,他们与世界上其他的地区基本上没有什么来往,而他们的物质需求也相当少。

今天,古罗马的城墙已经消失,可是,苏格兰人还是倔强地按照自己的方式生活着,也保留了自己独特的文明。

苏格兰拥有一片相当贫瘠的土地,或许,这一事实对于他们保持民族独立很有帮助。而且,这个国家的大部分地区都是山地。这些山在人类出现之前的相当长的一段时间里,高度和阿尔卑斯山差

---

① 五族联盟,即易洛魁联盟,指由使用易洛魁语言的北美原住民部族结成的联盟,包括卡尤加、莫霍克、奥内达、奥农达加、塞内卡等部族。

不多。后来，渐渐地，它们被风和雨削磨得越来越矮小，余下的工作则被激烈的地质运动完成了。

接下来，覆盖过斯堪的纳维亚半岛的冰川将沉积在山谷中的那层薄薄的泥土冲刷得干干净净。这是一片宽不到50英里的狭长低洼地带，从西边的克莱德湾一直延伸到东边的福斯湾。这也难怪苏格兰90%的人聚居在低洼地区，而居住在高山区的人只有10%。

一座山谷位于两座火山之间的裂缝处（苏格兰的大多数城堡都建立在死火山的山口处），爱丁堡和格拉斯哥就坐落在这里，它们是苏格兰最大的两个城市，前者是苏格兰的古老首府，后者是钢铁、煤炭、造船和制造业中心的现代之城。

一条运河将这两座城市连接起来。另一条自林尼湖通往马里湾的运河则可以让小型货船直接由大西洋驶向北海，而无须在约翰奥格罗茨、奥克尼群岛和设得兰群岛，或者从爱尔兰到挪威北角之间那片大陆残骸间的危险水域航行。

在格拉斯哥出现的繁荣并不是那种足以使整个国家都富裕起来的繁荣，苏格兰农民人均获得的劳动报酬特别少，只能让自己勉强不被饿死，不过，绝对无法让他们感受到自己真正地活着。这或许让他们在付出千辛万苦攒下的几便士时过于小心谨慎，然而，他们也从此学到了任何事情都要靠个人努力，要靠个人的聪明才智和勇气，而从来不管其他民族说些什么。

伊丽莎白一世女王在逝世前，因为十分偶然的原因，她把英格兰的王位赐予了自己的苏格兰侄子——斯图亚特王朝的詹姆士，于是，英格兰王国的版图中从此多了一个苏格兰。从此以后，苏格兰人就可以自由地进出英格兰了，而且，当他们感到自己生活的小岛过于狭小，无法发挥他们的雄心壮志时，也可以随意到英格兰广阔的大地上漫游。他们节俭、聪明而普遍具有自制力，因此，特别适合担任偏远省份的领导者。

爱尔兰

现在是一个迥然不同的故事，它是难以解释的与人类命运相关的悲剧之一：一个原本智慧超群、潜力无穷的民族，却随手放弃了自己的目标，然后，在注定要失败的事业上浪费了大量精力；同时，它遭到了邻近岛屿上无法达成和解的敌人随时随地的侵略，那些还不曾学会把自身利益当作首要的生存法则的人们，因此承受着冷酷无情的羞辱和奴役。

受到指责的应该是什么人？我不清楚，也无人知道。是否该怪这里的地质状况？那简直不可能。

爱尔兰也是史前时代北冰洋大陆的残余部分，如果这块大陆的中心在重新调整的时期没有下沉得那么深，没有下沉到海岸山脉以下，那么，整个爱尔兰就不会成为一个只有几条弯弯曲曲的河流的"汤盘"，就可以自由通航，也许会更加繁荣、更加富强。

难道要怪罪这里的气候吗？不，由于爱尔兰的气候和英格兰一样，不同的也许仅是爱尔兰更潮湿、更多雾。

难道要怪罪这里的地理位置吗？不，自美洲被发现后，爱尔兰是欧洲所有国家中和新大陆进行商业贸易最近、最便捷之处。

那么，究竟是何原因呢？恐怕又是那个出乎意料的人类因素——任何一个预言都被这个因素推翻了。于是，所有的自然优势都转化成了生理缺陷；于是，失败取代了胜利，愤怒取代了勇气，结果就是人们只能任凭悲惨的、凄凉的命运摆布。

民族氛围与此有什么关系吗？我们每个人都听过，爱尔兰人是那么喜爱他们的神话故事。任何一部爱尔兰戏剧，任何一个爱尔兰农民在讲述他们的民间故事时，都会谈到狼人、小精灵、小矮人和小妖精。

或许我又离题万里了。你想一想，这和地理存在某种关系吗？对于仅仅介绍山川河流、城市分布、煤炭出口量、棉花进口量等内容的地理来说，这真的与它不存在任何关系。可是，人类生存的目的不只是为了获取食物填饱肚子，还要具有思想和想象力。

除此之外，一些不正常的东西还存在于这个名叫爱尔兰的国家里。当你远望其他国家时，你会自言自语地说："这里有一块土地。它看上去高低不平，颜色各异，有的是黑色的，有的是棕色的，有的是绿色的。他们生活在那儿，吃喝玩乐，有着美丑不一的长相，过着或幸福或悲伤的生活。他们或生或死，有人埋葬时得到了牧师的祝福，有人什么也没有得到。"

可是，爱尔兰是独特的。这里弥漫着不同于理想世界的空气。这里的整个天空被一种孤独的空气包围着。这种寂寞的氛围是触手可及的。曾经的真实被层层遮掩着，数小时前还相当简单的一件事，突然之间就会变得异常错综复杂。虽然爱尔兰西边拥有寂静的深渊，不过，它还远没有爱尔兰脚下的这块土地神秘呢。

历经不幸的爱尔兰人，与世界上任何一个民族相比，遭受奴役的时间都更长，因为承受了过于悲惨的命运，所以，他们对所有的人和事都有些求全责备。然而，某种存在于他们精神深处的认知缺陷，也影响了他们的这种生存状态。就这一点而言，在人类编年史上实属罕见。据我所知，这种弱点深深植于爱尔兰这块土地上，因此，他们随时打算拼个鱼死网破，很少有人准备要好好生活。

诺曼的征服者刚刚把新占领的英格兰的秩序整顿好,就用贪婪的目光打量对面的爱尔兰海。如同北海一样,爱尔兰海就它的实质而言,是一个沉在海底的山谷。

正是因为爱尔兰岛的这种环境,导致了侵略者对这块富饶之地充满野心勃勃的野心。由于当地的部族首领始终争吵不休,于是,企图把全岛统一成一个君主国的努力统统以失败告终。对同时代的征服者威廉①来说,爱尔兰就是一片"战栗的土地"。整个爱尔兰的牧师们都睁大了眼睛,对于把基督的福音传给全世界的异教徒充满急切的心情,但那时,爱尔兰没有任何交通运输设施,不只是公路,甚至桥梁也没有。

那些任何可以让人们的生活更安宁、更舒适的重要因素,都被当地人心不在焉地忽略了。爱尔兰岛中间凹,四周高,于是形成了一个沼泽。沼泽的一个坏处之一就是拒绝自我排干,而当爱尔兰人的灵魂中满是诗情画意的想象时,他们就会将日常琐事彻底忽视。

当时,英国和法国的统治者们都是强大的、英明的君主,他们都和主宰世界的列强保持极好的关系。

在爱尔兰内战中,一位酋长遭遇了强敌(我不记得当时交战双方的人数究竟有多少)的围攻,于是,他向英格兰的亨利二世提出请求,请求英格兰人帮助自己击败敌人。这时,罗马教皇阿德里安四世极其热情地将自己签署好的羊皮纸文书送给亨利二世,委任英格兰国王担任爱尔兰的世袭君主。

于是,一支由200名骑士和不足1000人的杂牌军组成的英格兰

---

① 征服者威廉(William the Conqueror,约1027—1087),英国国王(1066—1087),法国诺曼底公爵。

军队名正言顺地占领了爱尔兰，原先在部族制度下过着简单、快乐的原始生活的爱尔兰人，从此被迫接受了封建制度。而两国之间的战争也由此开始，绵延了数百年年之久，甚至，到了现在也没有正式结束。直到今天，你都常常可以从报纸的头版头条上看到由于这种纷争而起的如同火山爆发那样的暴力冲突。

爱尔兰的土地就像爱尔兰人的灵魂一样，在冲突中，崇高的理想和卑鄙的背叛绝望地混杂在一起，仿佛不将当地的爱尔兰人消灭殆尽，问题就永远无法彻底地解决。啊，这并非夸大其词！征服者数次企图对爱尔兰人实行大规模的屠杀和驱逐，将他们的全部家财搜刮一空，然后献给国王和他的宠臣。

例如，1650年，爱尔兰人凭着他们虚幻的直觉和超乎寻常的空想，又一次在错误的时刻做了错误的事情，选择和毫无价值的查理一世[1]站在同一阵营，发动了叛乱。结果这次叛乱被克伦威尔[2]无情地镇压下去，数百年过去了，众多爱尔兰人还清晰地记得这一血腥的滔天罪行。

一劳永逸地解决爱尔兰，简直是不可想象的。近代以来，爱尔兰岛上的总人口锐减到80万，饿死的人不计其数（爱尔兰人的出生率本来就很低），那些能乞讨到、借到甚至偷到只够一张短途船票钱的人，匆忙地逃离故土。而那些留下来的人，只能将不满与仇恨存在心间，守着逝者的坟墓，靠着土豆和终有一日大仇得报的希望活下去，等到世界大战爆发，他们才得以解脱。

从地理位置来看，爱尔兰似乎是北欧的一部分；从精神方面来

---

① 查理一世（Charles I，1600—1649），英周国王（1625—1649）。他是唯一一位上断头台的英格兰国王。
② 克伦威尔（Oliver Cromwell，1599—658），英国资产阶级革命家、政治家。1649年，他宣布处死国王查理一世，成立共和国。

看，直到最近，爱尔兰仍旧处在地中海中心的某个位置。今天，爱尔兰已经获得了独立，享有和加拿大、澳大利亚及南非一样广泛的自主权，继续成为这个世界的一分子。然而，他们置全岛的统一于不顾，反而划分为两大彼此敌对的阵营。

占了爱尔兰总人口75%的南部的天主教徒，享有"自由之国"的地位，以都柏林为首都。北部（一般称为阿尔斯特）由6个郡组成，定居者主要是新教徒移民的后代（依旧是英国的一部分），继续让自己的代表去出席在伦敦召开的英国议会。

这就是本书装订时爱尔兰的现状。从今往后，爱尔兰会是一个怎样的光景，无人可以预言。然而，1000多年来，爱尔兰人第一次将命运掌握在自己手中。现在，他们可以自由地开发港口了，让科克郡、利默里克和戈尔韦成为真正的海港。

他们还可以试着和丹麦一起进行成功的农业合作，他们生产的奶制品绝对可以和世界其他国家的同类产品一争高下，作为自由、独立的国民，爱尔兰人终于在世界舞台上扮演自己的角色了。

然而，他们是否会将过去完全忘记，是否会以理性的目光看待并打算为美好的明天而努力呢？

第22章　俄罗斯

横跨欧亚的大帝国

从地理角度来看，俄罗斯占据了地球上1/7的陆地，它的国土面积为欧洲的2倍，它的人口数量为欧洲4个最大国家人口的总和。

俄罗斯比我所能想到的任何一个国家都更像是一个地理背景的产物。它也从没有弄明白自己究竟属于欧洲，还是属于亚洲。正是这种模糊不清的态度，引发了不同文明之间的冲突，而俄罗斯的现状，恰好可以用这种冲突加以解释。我希望，一张简单的地图可以将这一切解释清楚。

首先，让我们来回答以下问题：俄罗斯究竟是欧洲国家，还是亚洲国家？为了方便论证，假设你是楚科奇族，白令海峡附近是你生活的地方，而且，你对于自己当下的生活方式非常不喜欢（我不会责怪你，因为生活在东西伯利亚的穷乡僻壤、冰天雪地中，的确是一件困难重重的事情）；假设你决定接受霍勒斯·格里利[1]的建议，到西部去；再假设你对于做一个山民的生活非常不喜欢，决心回到童年时曾居住过的那块平原定居。好了，你可以向西行走数年，沿途除了需要游过十几条宽阔的大河外，就不会遇到任何其他障碍了。

当然，你最终会到达乌拉尔山脉。这个在任何地图上都被标注为欧亚分界线的乌拉尔山脉，对人们来说 其实并不是一个很大的障碍——首批进军西伯利亚的俄罗斯探险家（实际上，他们就是逃犯，可是一旦发现有价值的东西时，他们就被誉为"探险家"）竟然抬着船只就翻越了它。当然，你也可以试着抬着船翻越洛基山脉或者阿尔卑斯山脉。

翻越过乌拉尔山脉后，你还必须经历差不多6个月的艰苦跋涉，如此方能到达波罗的海。所以，你一定得明白，从太平洋到大西洋

---

[1] 霍勒斯·格里利（Horace Greelev，1811—1872），美国《纽约论坛报》的创办者，政治改革家。

（毕竟波罗的海也仅为大西洋的一部分），你始终处于那个宽广的平原之国。事实上，整个俄罗斯仅将亚洲1/3和欧洲1/2（原因是这片大平原和德国平原连成一片，一直延伸到北海）的大平原的一部分覆盖罢了，这也使得俄罗斯的地理环境存在着一个明显的劣势，那就是面向北冰洋。

那就是老俄罗斯大帝国的诅咒，在过去的数百年里，为了到达"温暖的海洋"，俄罗斯人付出了无数的鲜血和钱财，进行了无数次的努力尝试，结果还是惨败而归。当然，它也是苏维埃社会主义共和国联盟（即前苏联）最大的障碍之一。

你或许习惯性地认为，美利坚合众国是一个非常庞大的国家，实际上，那只是相对英国、法国这样小得可怜的国家而言。这个俄罗斯国旗飘扬着的大平原，面积比法国大40倍，比英国大160倍，占整个地球陆地总面积的1/7。

鄂毕河是流过俄罗斯的长河之一，它的长度和亚马孙河相等；勒拿河是它的第二大河，它的长度和密苏里河差不多。它的湖泊和内陆海，例如西部的里海，它的面积相当于苏必利尔湖、休伦湖、密歇根湖和伊利湖面积的总和；而俄罗斯中部的咸海比休伦湖大4000平方英里，其东部的贝加尔湖几乎比安大略湖大2倍。

南部山峰把俄罗斯大平原和亚洲其他部分隔开，高度几乎可以和美洲最高峰匹敌，阿拉斯加的麦金利山高20，300英尺，而高加索山脉的厄尔布鲁士山高18，200英尺。西伯利亚的东北部是地球表面最寒冷的地区，俄罗斯大平原在北极圈以内的面积，和法国、英国、德国和西班牙四国国土面积的总和相等。

不管从哪一方面来看，俄罗斯都鼓励人们走极端。那些以光秃秃的荒原及冻土为居住地的人，他们的性格必定会受到这种生存环境的影响。这也就是为什么他们的思考方式和处世方式在世界其他地区的人眼里显得那么难以揣测的原因。

当然，这也就是他们为什么在数百年的时间里一直虔诚地遵照上帝的旨意生活，可是，却在一夜之间就将上帝的旨意抛弃的原因。同时，这也就是他们为什么会在数百年里始终乐于对一个他们认为至高无上的、神圣不可侵犯的人表示臣服，但会在某一天，他们又突然站起来将这个人推翻在地的原因。

很明显，罗马人从未听说过俄罗斯。希腊人（还记得希腊神话中金羊毛的故事吧）在前往黑海寻找粮食时，曾与一些野蛮部落偶遇，于是，他们称这些人为"挤马奶的人"。根据现在流传下来的希腊古瓶画判断，这些野蛮人很有可能就是现代哥萨克人的祖先。

当俄罗斯人在历史的地平线上出现时，一块由南方的喀尔巴阡山和德涅斯特河、西方的维斯瓦河、北方的普里佩特沼泽和东方的第聂伯河围成的四方形土地，是他们当时繁衍生息的地方。波罗的海大平原是四方形土地的北部，它的上面居住着他们的表亲立陶宛人、列托人和普鲁士人（斯拉夫人的后裔）。

芬兰人住在这块四方形土地的东部，现在，他们则被限制在北冰洋、白海和波罗的海之间的那一小片领土上。凯尔特人和日耳曼人（或者说是这两个民族的混血人）居住在四方形土地的南部。

没过多久，当日耳曼部落开始在欧洲中部游荡时，他们发现，无论什么时候，假如他们需要奴仆，对他们北方的邻居进行袭击是最简便有效的办法。原因是这些北方的邻居属于一个温顺的民族，无论面对怎样的命运，他们所做的就是耸耸肩，然后说一句"算了，生活就是如此"后，就沉默地逆来顺受下去。

这些北方邻居好像也有自己的名字，在希腊人听去，好像是"斯拉夫人"。那些袭击喀尔巴阡山地区，并将抢夺到的俘虏囤积起来的人口贩子经常说，他们抓到了许多斯拉夫人或奴隶，慢慢地，

"奴隶"一词成了一种商品的代称，特指那些不幸地通过买卖成为他人合法财产的人。

然而，正是这些斯拉夫人或奴隶，建立了世界上曾经最大、最强的中央集权国家，这算得上是历史上的大玩笑之一。但不幸的是，这个玩笑的笑柄就是我们。假如我们的祖先在最早的时候略有远见，我们就不会让自己陷入现在的窘况。对此，我尽量用几句话加以解释。

斯拉夫人在他们世世代代居住的地方平和地生活着。他们大量地繁衍后代，因此他们需要更多的土地。然而，强大的日耳曼部落将他们西进的道路阻挡住了，通往繁华的地中海的大门也被罗马和拜占庭关闭了。最后，只剩下东方这唯一的一条出路。为此，他们组织起来，到东方寻找更为广阔的领土。他们一路穿越过德涅斯特河和第聂伯河，一直行进到伏尔加河岸边。

欧洲最大的河流就是伏尔加河，俄罗斯北部中央高原绵延的群山之间，正是它的源头。俄罗斯人修建大量城堡、要塞时，这里的群山提供了许多有利的自然条件，而且，就是在这些地方，大多数俄罗斯早期的城市建立起来。

为了流入大海，伏尔加河只好在群山的边缘蜿蜒而行，在绕过一个大弯后向东流去。伏尔加河极其谨慎地顺着这些山脊的轮廓奔流，它的右岸高耸陡峭，左岸低矮平坦。因群山而绕道奔流的路程长得令人咋舌——从伏尔加河的发源地特维尔到终点里海，直线距离只不过1000英里。然而，经过如此反复不断的绕道，伏尔加河河道的真正长度竟然达到了2300英里！

就流域面积而言，这条全欧洲最大的河流的流域面积比密苏里河多了近4万平方英里（伏尔加河的流域面积是56.3万平方英里，密苏里河的流域面积是52.7万平方英里），和德国、法国和英国的总面积一样大。与俄罗斯任何事情一样，这条河也一定会做出一些古怪的事情。伏尔加河是一条非常出色的航运河（在第一次世界大战前，在这条河上航行的小船有4000多艘），而当它流到萨拉托夫市时，河面骤然降到海平面之下。

所以，最后数百英里的河水全部在海平面以下奔流——这听上去真是不可思议的事情。其实，这是由于伏尔加河最终要汇入里海，而里海位于盐沙漠的中央地带，下沉得相当厉害，以至于现在里海的海拔比地中海低85英尺。100万年后，它会和死海展开竞争，而死海目前保持的纪录是低于海平面1290英尺。

随便说一下，伏尔加河被看作鱼子酱的产地。我在这里之所以采用"被看作"的说法，是因为伏尔加河仅仅是鱼子酱的中转站，并且，让这道俄罗斯佳肴声名远播的鱼是金枪鱼，而不是人们以为的鳕鱼。

直到铁路被广泛使用时，人类进行贸易往来或劫掠征战的天然通道还是河流与海洋。条顿人是俄罗斯人的敌人，他们将通往大海的西路切断，而拜占庭人将南路挡住。无奈之下，俄罗斯人如果想找到更多的自由领土，只能依靠自己的河流。从公元600年直至现在，俄罗斯的历史始终和两条大河密切相关，其中一条就是我之前提到的伏尔加河，另一条就是第聂伯河。

无疑，到目前为止，第聂伯河在这两条河流中显得更加重要，原因是第聂伯河是那条从波罗的海到黑海的主干道的一部分，而且，它和通往德国大平原的那条商道一样古老。接下来，让我们就从这里说起。

从北方开始，我们会发现，芬兰湾和拉多加湖（和美国的安大略湖相差无几）被涅瓦河连接起来，圣彼得堡就位于涅瓦河河畔。沃尔霍夫是从拉多加湖朝南流去的一条小河，把拉多加湖和伊尔门湖连接起来。我们会在伊尔门湖的南边发现一条洛瓦季河。它距离多瑙河很近，而且地势平坦，足以让人们在这里开展水陆联运。一旦将这一困难克服，由北方出发的航船就可以一路自在、从容地顺着第聂伯河南下，直到和克里米亚半岛相距仅数英里的黑海。

商业贸易不存在国界之分和种族的差别。正是利益让商人把斯堪的纳维亚的货物运送到拜占庭帝国，让商人们到这些地方将自己的居点建立起来。

在公元5至6世纪时，这是一条纯粹而简单的商业通道。它顺着地质的凹地而延伸，加利西亚和波多利亚（喀尔巴阡山脉的边缘）的群山，俄罗斯中央大平原分别位于通道的两端。

然而，当斯拉夫移民慢慢将这个地区挤满时，情况发生了改变。从那时起，商人们成为政治霸主，从此定居下来，建立了一个王朝实行统治。然而，智慧过人的俄罗斯人一直不是卓越的、有效的管理者。他们不具备自己的邻居——条顿人那种细致、缜密的逻辑思维。俄罗斯人生性多疑，脑子经常会想到其他事情上去。他们更喜欢高谈阔论，却不善于集中力量果断地处理问题。

所以，就他们中相当多的人而言，成为地方首领是一件相对容易的事情。当然，在起初的时候，俄罗斯人的野心并不大。然而，他们需要生存的空间。当他们为自己建立了半君主制的住所时，他们也就相应地需要为自己的臣民建造房屋。就这样，多数古俄罗斯城市被一个个建立起来。

城市，尤其是当它们处于朝气蓬勃时，极易被外界关注到。君士坦丁堡的牧师们认为，一个拯救灵魂的绝佳机会到来了，于是，他们划着小船，顺着第聂伯河一路北行，就像数百年前斯堪的纳维亚人划船顺着第聂伯河南下一样。他们和当地统治者的力量联合起来，让修道院建在王宫的附近，成为它的附属建筑物。

历史的舞台就这样替罗曼诺夫王朝准备好了。南部的基辅和富裕的商业城市大诺夫哥罗德（和建在伏尔加河和奥卡河交汇处的下诺夫哥罗德没什么关系），变得特别富庶繁华、声名远扬，甚至达到了全西欧人都知道它们的程度。

就在这时，勤勉的农民们继续大量地繁衍后代，就像他们在过去千百年中所做的那样。一旦发现自己需要更多的农场时，他们就会脱离家园的束缚，从欧洲最富裕的粮仓（肥沃的乌克兰河谷）离开，进入俄罗斯大平原。等他们需要更多空间时，就继续沿着河流东行。

他们的行动异常缓慢（对俄罗斯农民来说，时间不是问题），沿着奥卡河河谷下行，最终，到达伏尔加河流域，将一座新城下诺夫哥罗德建立起来。对他们来说，这是一个可以掌握整个大平原并且具有永久居留权的城市。

然而，至少从历史的角度来看，"永远"似乎并不长。因为在13世纪早期，俄罗斯人的勃勃野心就被一场大灾难暂时打消了。成千上万的小个子蒙古人通过乌拉尔山脉与里海之间的鸿沟（即乌拉尔河的盐碱荒滩），自东向西策马而来，最后，发展到似乎所有的亚洲人都来到了欧洲的中央地带。

这出其不意的行动，使得那些西方的挪威－斯拉夫小君主国目瞪口呆。在不足三年的时间里，蒙古人将俄罗斯所有的平原、河流、内海、群山都掌握在手中。而且，最终让德国、法国和其他西欧国家得以逃开如俄罗斯一样命运的，竟然只是一次天赐的好运（蒙古人的小马染了瘟疫）。

当蒙古人将新的一群战马喂养大后，决定再一次出征去碰碰运气。然而，他们快速进军的脚步被德国和波西米亚的强硬壁垒阻拦住了，无奈之下，他们只好绕了一个大圈，在途经匈牙利时尽情地烧杀抢掠了一番，最终，选择在俄罗斯的东南部居住下来，安享胜利的成果。此后的200年中，俄罗斯这些信仰基督的男女老少，无论什么时候遇到这些可怕的成吉思汗的子孙后代，都要在扬尘中跪下来，亲吻他们的马儿的马镫，不然，就会立即被处死。

尽管这些消息传入了西部欧洲人的耳中，不过，他们毫不在意。原因是双方崇拜上帝的方式不同，斯拉夫人是按照希腊的仪式，而西欧各国是按照罗马的仪式。所以，让异教徒盛怒吧，让俄罗斯人成为外国人皮鞭下战栗的最凄惨的奴隶吧，谁让他们是异教徒呢，如此一来，获得更好的命运的资格就和他们无缘了。

最终，欧洲人为自己的冷酷无情付出了非常沉重的代价，因为这些能容忍的俄罗斯人，用肩膀将"当权者们"强加给他们的一切重负担负起来，在蒙古人统治的250年里，养成了逆来顺受的坏习惯。

假如仅靠自己，他们或许永远也无法将这一沉重的束缚摆脱掉。莫斯科小公国的统治者们——斯拉夫人东部的一个古老的前哨，将解放祖国的重任承担起来。他们公开的反抗始于1480年，当时，伊凡三世①拒绝向钦察汗国②的大汗敬献岁贡。50年后，这些外来侵略者的末日到来了。尽管蒙古人被赶走了，不过，他们的制度却幸存了下来。

新统治者对"现实"的生活非常满意。1453年，奥斯曼土耳其人征服了君士坦丁堡，在圣索菲亚大教堂的台阶上，东罗马帝国的最后一位皇帝被杀死。然而，多年前，皇帝的远房亲戚佐伊·帕莱奥洛吉娜（她是一名罗马天主教徒）在罗马教皇的建议下（教皇认为这是一个可以将希腊教廷的这只迷途的绵羊引回自己羊圈的良

---

① 伊凡三世（1440—1505），莫斯科大公（1462—1505），1480年，他停止对钦察汗国纳贡，结束了钦察汗国对俄罗斯长达两个半世纪的统治。

② 钦察汗国（1242—1502），又称金帐汗国，蒙古帝国四大汗国之一。

机），与伊凡结为夫妻。婚礼举行后，佐伊改名为索菲亚。

然而，罗马教皇精心设计的计划没有达到预期的效果。相反，伊凡比以前的任何时候都更加独立了。他意识到，这是上天赐予他的取代拜占庭王朝统治者的良机。于是，他采用了君士坦丁堡那著名的代表东罗马帝国和西罗马帝国的双头鹰盾形纹章，并且确立了沙皇神圣不可侵犯的地位。

此外，他把贵族降低至奴仆阶层，把古老、严格的拜占庭礼仪引入了自己那个小小的莫斯科宫廷。他还认为自己是当世无双的"恺撒大帝"，最终宣称他是所有被征服的俄罗斯领土的皇帝。

1598年，最后一代古挪威的入侵者，即留里克家族的最后一位继承人去世了。历经15年的内战后，罗曼诺夫家族的一员（莫斯科贵族中分量最重的一人）自封为沙皇。从此以后，俄罗斯的地理版图就只是罗曼诺夫家族的政治野心在不同时期的反映。

尽管罗曼诺夫家族的成员犯过许多明显的错误，不过，相应地，他们也有着不少美德，而我们可能会因为他们的这些美德或许就将他们造成的一些失误给忽略了。

他们在一件事情上会保持一个坚定的信念，那就是要不惜一切代价地打通一条直通大海的通路。他们企图在南方将一条直达黑海、亚速海和塞瓦斯托波尔的道路开辟出来，但他们发现，通向地中海的道路被奥斯曼土耳其人切断了。

然而，通过战争，他们获得了10个哥萨克部族的忠诚。他们分别是老哈萨克人、强盗、冒险家和逃亡奴隶的后代。在过去500年间，这些人为了逃避波兰或者鞑靼主人的欺凌，不得不躲藏在荒野之中。当他们成为俄罗斯人对瑞典人的战争中的悍勇骑兵时，俄罗斯人在三十年战争①中得以成功地征服了波罗的海沿岸的所有土地。

最终，历经50年的战争，沙皇彼得大帝②征发了让成千上万的臣民，在涅瓦河的沼泽地里修筑起俄罗斯新的首都——圣彼得堡。然而，由于芬兰湾每年会有4个月的封冻期，因此，"开阔的水面"对于俄罗斯人来说，还是一个遥不可及的梦想。

于是，他们又顺着阿尼加河、北德维纳河向北，一路越过北极苔原（冻土地带的中心），在白海岸边建起了一座新城。后来，这个城市被命名为阿尔汉格尔斯克。不过，从荒凉的卡宁半岛到欧洲的距离，与其到哈德逊湾冰冻海岸的距离相差不多。而曲折、复杂的摩尔曼海岸，更是连技术出众、经验丰富的荷兰和英国船长也要万分小心。除了尝试向东继续寻找通路，俄罗斯人别无他法。

1581年，一支约为1600人的队伍被组建起来。其中的成员是来自欧洲的逃亡奴隶、冒险家和战俘。他们只携带着生活必需品，就翻越了乌拉尔山脉。在东行的路上，他们在被当地统治者称为西伯利亚的地方，第一次对鞑靼可汗发起了攻击。最终，这位可汗被他们打败了，他所有的财产被这些冒险家瓜分一空。

可是，这些冒险家知道，沙皇麾下军队的势力范围很大，于是，就将这片领地献给了沙皇。因为这样做，他们至少还可以凭着对挚爱的沙皇所做出的贡献，赢得一个真正的"爱国者"的称号。

这种独特的殖民方式保持了大概150年的时间。在这些"强盗"到来之前，生活在这个不断延伸的广阔大平原的人数相当少，然而，这个平原却相当肥沃。平原的南北两部分分别是森林和大草原。

---

① 三十年战争（1618—1648），由神圣罗马帝国内战演变而成的全欧参与的一次大规模战争。战争以哈布斯堡皇室战败并签订《威斯特伐利亚和约》宣告结束。
② 彼得大帝(1672—1725)，俄国罗曼诺夫王朝第四代沙皇，他制定的西方化政策是使俄罗斯变成强国的主要因素。

这是一支臭名昭著的先锋队。没过多久，他们就从鄂毕河离开，急行军到达叶尼塞河。早在1628年，这支让人讨厌的入侵军队的先锋就到达了勒拿河。1639年，他们到达了鄂霍次克海岸边。1640年以后没多久，他们在更南的贝加尔湖流域建立起最早的堡垒。1648年，他们又远征到阿穆尔河。

同年，哥萨克人西蒙·迭日涅夫从西伯利亚北部的科雷马河顺流而下，沿着北冰洋的海岸线，到达亚洲与美洲分界处的海峡，随后他又返回，将这个故事讲述给世人听，不过，人们并没有对这个故事产生多大的关注。80年后，丹麦航海家维塔斯·白令①受俄罗斯政府的委托，再次发现了这个海峡，随后，他获准用自己的名字命名这个海峡。

1581年到1648年，这只是短短的67年，而我们的祖先却用了大概200年的时间才由阿勒格尼山脉走到太平洋沿岸。由此你就可以明白，四处探索的俄罗斯人实际上并没有如我们想象中的那样缓慢。

然而，当西伯利亚被他们纳入俄罗斯领土之后，他们并不满足。最后，在乔治·华盛顿死前的相当长一段时间里，俄罗斯人跨过亚洲，到达了美洲。在美洲，俄罗斯人用大天使加百列的名字为一个城镇命名，这里有一处军事要塞，也是一处相当繁荣的殖民地。它现在的名字是锡特卡。1867年，就是在这里，美国从俄罗斯购得了阿拉斯加，双方还举行正式的交接仪式。

假如提及精力、个人勇气和义无反顾的冒险精神，与我们的祖辈相比，这些早期的俄罗斯开拓者要出色得多。然而，亚洲人那主宰着莫斯科和圣彼得堡的帝王思想，最终对这个有着丰富的矿藏、

---

① 维他斯·白令(Vitus Jonassen Bering，1681—1741)，俄罗斯海军中的丹麦探险家。1728年，他到达了亚洲最东端。

只等识货者来开采的地区的正常发展造成了阻碍。就好比俄罗斯人将西伯利亚变成了一座巨大的监狱，而不是对他们的牧场、森林和矿藏加以开发。

17世纪中期，首批犯人来到这个地方，时间是叶尔马克①翻越乌拉尔山脉50年后。这些犯人是由牧师组成的，他们之所以成为犯人是因为拒绝以东正教的仪式做弥撒。所以，他们就这样被流放到了阿穆尔河畔挨饿受冻。

从此以后，流放到西伯利亚的人就从来没有中断过，在这长长的流放队伍中，不但有男人和女人，还有小孩子。欧洲人的个人主义思想会和亚洲人的集体主义观念发生激烈的冲突，而这种集体主义观念就是古老的俄罗斯政府的法律基础——这些人就这样驱赶到西伯利亚的荒原。

1863年，这类流放达到高峰，最后一次波兰人大革命后没过多长时间，5万波兰爱国者就被由维斯瓦河迁到托木斯克和伊尔库茨克附近的地方。关于被迫迁徙的移民的精确数字，没人可以弄清楚。

不过，在1800年至1900年这100年间，迫于外国政府的巨大压力，这种流放政策略微宽松一些了，不过，每年被流放的平均人数还是高达2万。当然，这其中不包括普通罪犯、杀人犯、小偷、强盗，这些人与那些品德高尚但错在将太多的爱倾注在那些并不值得热爱的同胞身上的人不同，因此，他们可以不用戴脚镣。

当受惩罚的期限结束时，幸存下来的人就会一起被流放到村庄附近的土地上，并获准成为独立的农民。从理论上讲，这是一个可以让白人定居在这个国家的绝妙计划，同时，它还可以将沙皇政府自认为并不像报纸上所说的那样坏的一面展示给那些欧洲股东：西

---

① 叶尔马克（？—1585），哥萨克领袖，俄罗斯民间英雄和西伯利亚探险家。

伯利亚疯狂的行为中也存在一些听上去很好的体制，那就是可以让"囚徒"在受教育后成为社会上的可用之才。

然而，实际上，它做得太好了，好到了大部分所谓的"自由居住者"都无声无息地从地球上消失了。或许，他们成了穆斯林或异教徒，在一个土著部落与土著人相伴生活，从此远离基督教文明。也许，他们因为企图逃跑而途中被狼吃了。我们无从知道。

俄罗斯警察的统计数字表明，逍遥法外的逃犯有3万到5万名，这些人选择躲进森林或大山，宁愿过着艰苦的生活，也不愿意被关在沙皇的监狱之中。

当资本主义制度和工业主义制度将陈旧的以物易物和农奴制度取代时，俄罗斯所发生的一切就是一个常识性的问题了。在林肯签署《解放奴隶宣言》的数年前，俄罗斯的农奴就已经取得了自由。政府将从农奴主那里拿来的一小块土地分给农奴，目的是让他们存活下来。

结果，不管是农奴主还是以前的农奴，都无法获得足以生存下去的收入。而且，外国资本已经急切地想要攫取俄罗斯大平原下蕴藏的丰富矿藏。于是，铁路修建起来，货运航道也开辟出来。

来自欧洲的工程师艰难地走过半亚洲风格的村庄中泥泞的道路，面对建在这些村庄附近的如巴黎大歌剧院一般辉煌的大教堂，他们会问自己：这一切都是真的吗？

第23章　波兰

重现生机的国家

两大不利自然条件让波兰承受着巨大的痛苦。其一是独特的地理位置（这是最大的不幸），其二是与斯拉夫人的同胞俄罗斯人为邻。据说，兄弟之情原本是世上最美妙的事情，可是，实际上，能在两个相同种族之间产生兄弟之情，在历史上实属罕见。

我们不知道波兰人的起源地是什么地方。波兰人和爱尔兰人在相许多方面存在着相似性，波兰人和爱尔兰人一样，都是强烈的爱国主义者，时刻准备为国献身。

波兰历史学家经过对他们祖先的英雄事迹考证后发现，最早的波兰英雄可以追溯到挪亚方舟时代。然而，历史文献首次提到波兰人时，那已是查理大帝之后大约两百年的时间了。在黑斯廷斯战役①50年之后，波兰这个词开始具有了某种含义，而不再被看作是某个位于远东偏远角落的、模糊不清的领地。

就我们目前所了解的情况来说，波兰人最早的时候是在多瑙河河口附近生活的，后来，东方的侵略者的袭击让他们不得不辗转迁移，一路向西，直到达喀尔巴阡山脉。他们穿越了被斯拉夫人的某个分支——俄罗斯人遗弃的区域，最后，将欧洲奥得河和维斯瓦河之间的那块大平原（处于沼泽与森林之间）建成了自己的安身之处。

实际上，他们也无法去选择更差的地方了。和一个坐在中央火车站出口正中间的椅子上的人所能得到的安静和隐私相比，生活在这片领土上的农民同样少得可怜。实际上，这片领土是欧洲的前大门，从这里向西，可以进入和北海相接的欧洲部分；从这里向东，可以占据俄国人向欧洲大陆进发的唯一通道。为此，波兰人时常要在这两条战线上同时作战。

---

① 1066年10月14日，哈罗德国王的盎格鲁—撒克逊军队和诺曼底公爵威廉一世的军队在黑斯廷斯（英国东萨塞克斯郡濒临加来海峡的城市）地区进行的一场战争，此役以威廉一世的胜利宣告结束。

慢慢地，这种生活就导致所有的波兰农民都被训练成了职业的士兵，所有的城堡都成了作战的堡垒。结果，因为这种凌驾于其他一切基础上的军事化生活，使得商业活动难以为继，在这里，战争是它的日常生活状态。

波兰只有很少的城镇，不过，每个城镇都坐落在国家的中心地带和维斯瓦河沿岸。南部的克拉科夫坐落在喀尔巴阡山脉尾部的加利西亚平原上。华沙坐落在波兰平原的中央，但泽位于维斯瓦河河口，他们的生意来源是外国商人。

在波兰更远的内陆地区，差不多是一片空旷的地域——那里仅有一条河流可以和流经俄罗斯领土的第聂伯河相通。维尔纽斯是立陶宛的古都，这个地方始终没得到发展，始终是处于贵族管理下的小城。

犹太人掌握着波兰必需品买卖的生意，这些犹太人在十字军对莱茵河流域著名的犹太人聚居区进行屠戮时，逃到了欧洲的边缘地区。与建立俄罗斯的斯堪的纳维亚人一样，人数不多的、吃苦耐劳的斯堪的纳维亚人或许对这个国家的发展做出了巨大的贡献

那么，这些人选择居住在波兰的原因是什么呢？毕竟，这里既没有通往北方和南方或者东方和西方的便利的商道，也没有如君士坦丁堡那样，可以为经过长途跋涉的、疲惫不堪的商旅提供服务的城市。

所以，波兰人不得不在德国人和俄罗斯人、奥斯曼土耳其人之间的夹缝中艰难地生存。德国人对波兰人充满憎恨之情，原因是波兰人虽然是罗马天主教徒，不过同时也是斯拉夫人；俄国人对波兰人充满鄙视之情，原因是他们尽管是斯拉夫兄弟，却并不是拜占庭天主教徒；奥斯曼土耳其人对波兰人充满厌恶之情，原因是他们集天主教徒和斯拉夫人于一身。

假若精力充沛的立陶宛王国（它曾在中世纪时为波兰做出过很多的贡献）能够幸存下来，或许，波兰的情况会好得多。然而，1572年，亚盖洛王朝的齐格蒙特二世①去世了。在这之后，那些多年来始终在前线作战并大发战争财贵族们（这些贵族习惯于在自己荒僻而广阔的领地上进行专横地统治）成功地使这个国家成为一个选举制的君主政体——这种政体由1572年一直持续到1791年，当它被推翻时，在人们的心目中，它早就是一个让人啼笑皆非的笑话。

出价最高的人极其轻松地获得了波兰的王位，而且，对此结果无人提出异议。此后，这个国家的统治者依次由法国人、匈牙利人和瑞典人充当。而这片土地也成为这些统治者鱼肉百姓和税收的来源——除此之外，对他们来说，波兰什么都不是。

当波兰的君主忘记让臣服于自己的走狗分得一些恩惠时，波兰贵族重演了1000年前的爱尔兰人所做的事情：他们邀请来可以帮助他们"取得应得的权利"的普鲁士人、俄罗斯人和奥地利人——所谓"前门拒虎，后门进狼"，对于波兰人的这一举动，这些邻居们可是异常高兴。不过，还没等他们出手，波兰作为一个独立国家就已经消失了。

1795年，在最后三次的大瓜分浪潮中，波兰18万平方英里领土和600万人口进入了俄国人的口袋；4.5万平方英里领土和37万人口成为奥地利的囊中之物；5.7万平方英里领土和250万人口落入普鲁士手中。直到125年后，这个可怕的错误才结束。

出于对俄国的惧怕，第一次世界大战的协约国不仅让新成立的波兰共和国将领土扩大了很多，而且，让波兰人获得了大片本不属于它的领土。而且，这些大国政治家们甚至还划出了一条所谓的

---

① 齐格蒙特二世（Sigismund Ⅱ.August,1520-1572，波兰国王。

"波兰走廊"，就为了给波兰一个直接的出海口——这条走廊从原先的波兹南到波罗的海，将德意志分成独立的两部分。

　　无须具备渊博的地理和历史知识，任何人都可以预见，在这条不幸的走廊地带将发生怎样的悲剧。没错，这条走廊必将成为德国和波兰之间互相仇恨、互不信任的一个借口，直至其中一个国家强大到可以将另一个国家摧毁。然后，可怜的波兰又会落到从前的境地，再次成为欧洲和俄罗斯相互争夺的缓冲地带。

　　第一次世界大战之后领土划分的胜利，对波兰来说好像是一个辉煌的成就。然而，建立在彼此之间的仇恨，以及错综复杂的政治和社会问题，是不可能随着领土的归属被消除的，除非找到最终的解决方法。

第24章　保加利亚

遭受大战荼毒的国家

2000年前，在斯拉夫人侵袭欧洲的过程中，产生了许多小公国，其中的最后一个就是保加利亚。如果它没有在世界大战中站错队，那么，它的面积和人口必定比现在好很多。

在巴尔干半岛，假如"下一次"指的是战争，那就代表着再过6年或12年的时间。当我们谈起那些永远在互相争斗的巴尔干人时，总是略带轻蔑的意味。不过，我们真的无法深刻地认识到，一个普通的塞尔维亚或保加利亚男孩在开始他的人生时，究竟从祖先那里继承了什么传统，是斗争、残忍、血腥、奴役、掠夺还是什么？

我们对于保加利亚的原住民一无所知。尽管我们发现了他们的遗骨，不过，由于头盖骨不会说话，所以我们还是对他们一无所知。也许，他们在血缘关系上和神秘的阿尔巴尼亚人、希腊历史上的伊利里亚人，及长期受苦受难的奥德修斯的同胞们存在某种关联。

希腊传说中的英雄奥德修斯所属的是一个神秘的民族，使用一种独特的语言。自古以来，他们始终以亚得里亚海沿岸的狄那里克-阿尔卑斯山为居住地。后来，他们将自己的国家建立起来，当地的一个部族首领成了他们的统治者。

当进入编年史时代后，这片土地上爆发了一次次的侵略战争和天灾人祸！

就像我在前面所说的那样，保加利亚有两条西向的主要道路，都位于乌拉尔山脉和里海之间的峡谷里。其中的一条顺着喀尔巴阡山脉向北，通往北欧平原茂密的大森林；另一条则顺着多瑙河，穿过布伦纳山口，正是从这里，饥饿的野蛮人得以进入意大利中心地带。罗马人也知道这条路的存在，于是，他们将巴尔干当作抵挡"外国渣滓"的第一道防线——他们喜欢这样称呼那些最终将罗马摧毁的野蛮人。

后来，由于兵源不足，罗马人不得不慢慢退守到自己的意大利半岛，让巴尔干半岛上的人们听天由命。当大移民浪潮结束后，保加利亚人的原住民消失得一干二净——他们被斯拉夫人彻底同化，以至于现在所谓的"保加利亚人"说的斯拉夫方言中，不存在任何一个古保加利亚语言中的字母。

然而，这些新征服者的地位也是相当不稳固的。他们在南方不得不和拜占庭人打交道。尽管这些拜占庭人是古罗马帝国的东部遗民，不过，他们用罗马人的名义做着希腊人的事情。他们在北方和西方始终遭受着部分匈牙利人和阿尔巴尼亚人的袭击。

接下来，东征的十字军踏过保加利亚人的领土，这支由圣徒组成的"不神圣"的军队，在进军途中将所有欧洲国家的权利都剥夺了，而且，十字军还时刻准备着用同样凶猛残暴的方法对奥斯曼土耳其或者斯拉夫国家进行掠夺。

最后，因为奥斯曼土耳其人大举入侵的威胁，处于绝望中的保加利亚人不得不向欧洲国家发出求助的信号，为的是帮助他们保护属于基督徒的土地，使他们免遭异教徒的凌辱。然而，当奥斯曼土耳其攻入君士坦丁堡，铁蹄踏在圣索菲亚大教堂的台阶上之时，当由博斯普鲁斯来的难民哭述奥斯曼土耳其的苏丹是如何骑马奔驰亵渎希腊人神圣的教堂时，保加利亚各地顿时变得寂静一片。

随后，当天空被燃烧的村庄映得血红时，人们得知，奥斯曼土耳其人的军队正通过马里查河谷一直向西，向着欧洲内陆步步紧逼。于是，整个国家再度陷入恐慌之中。就这样，长达400年的奥斯曼土耳其的残暴统治开始了。直到19世纪初，一丝微弱的希望之光才出现。在一个塞尔维亚人的领导下，一场革命爆发了，这位塞尔维亚人成了保加利亚国王。

接下来，在希腊人和土耳其人之间爆发了一次惨烈的战争，这场战争被英国大诗人拜伦视为一个重大的欧洲事务。这位诗人步履蹒跚地行走于传染病流行的小村迈索隆吉翁，直至死亡。随后，保加利亚人发起了时间长达100年的艰苦卓绝的战争，目的就是为了获得自由。让我们对我们的巴尔干朋友抱持仁慈、宽容的态度吧——他们始终在人类殉难的悲剧中扮演着主角。

保加利亚是所有现代巴尔干国家中最重要的国家之一。它的领土由两部分相当肥沃的地域组成，这两个地区都极其适合各种农作物生长：一个地区是处于巴尔干山脉与多瑙河之间的北部平原；另一个地区是处于巴尔干山脉和罗多彼山脉之间南部的菲利波波利平原。

菲利波波利峡谷的两边都处于大山的保护之中，受着温和的地中海气候的滋养。这里出产的农作物通过布尔加斯港出口到国外，就像北方平原所产的谷物、玉米要通过瓦尔纳港出口一样。

此外，保加利亚有数量相当不多的几个城镇——这个国家的国民基本上都是农民。现在的首都索菲亚处于由北到南、由东到西的古贸易商道的交会处。在差不多400年的时间里，奥斯曼土耳其统治者占据着这个城市，他们住在斯特鲁马河畔坚固的宫殿里，对除了波斯尼亚和希腊以外的整个巴尔干半岛实行统治。

当欧洲终于意识到它的基督教友正处于异族侵略者蹂躏的困境时，格莱斯顿①先生在英国议会针对有关奥斯曼土耳其的暴行进行了大量的讨论，然而，俄罗斯却是第一个采取干预行动的国家。俄罗斯人的军队曾两次跨越过巴尔干山脉。

如果这个世界想从野蛮社会进步到一个相对自由的社会，那么，必然会发生一些不可避免的战争。如果人们意识到了这一点，那么，就会将希普卡山口战役和普列文要塞战役永远地铭记于心。

---

① 威廉·格莱斯顿（William Gladstone,1809—1898），英国政治家，曾四次出任英国首相。

1877—1878年的俄土战争，是最后一批斯拉夫人远征的结果，此后，保加利亚成为日耳曼人统治下的一个独立小公国。这意味着，具有条顿人思维方式的管理者，对这些坚韧而又有智慧的保加利亚农民进行了良好的训练。这或许就可以说明，为什么现在的保加利亚有巴尔干诸国中最好的学校了。

与此同时，保加利亚境内的大地主彻底消失了。自那时起，保加利亚农民也和丹麦、法国的农民一样，拥有了属于自己的土地。这个国家的文盲率也大大降低了，人人都在勤奋地工作。

保加利亚是一个简单的国家，它的国民主要由农民和伐木工人组成。就如同塞尔维亚一样，它或许永远无法和那些西欧工业国竞争。然而，当其他国家都消失时，它或许依然矗立在那里。

第25章 罗马尼亚

拥有石油和王室的国家

我已经将巴尔干半岛的斯拉夫人建立的国家都介绍完了。然而，我们最后还应该再介绍一个巴尔干国家——关于它的那些略带悲伤的消息，时常会出现在报纸的头版头条上。

当然，那并不是罗马尼亚农民的错。就像全世界其他地方的农民一样，他们出生后就在田间辛勤地劳作，直至离开人世，他们身上真的没什么与众不同之处。错误的原因绝对要归因于盎格鲁－日耳曼王朝那无药可救的粗俗，以及种种让人难于启齿的恶习。

19世纪末期，承蒙上帝的恩赐，普鲁士首相俾斯麦[①]和一个叫本杰明·迪斯雷利[②]的人共同推动建立了一个盎格鲁－日耳曼新王朝——也即德意志王国，这个王朝继承了霍亨索伦王朝受人尊重的查尔斯王子的王位。

1878年，俾斯麦和本杰明·迪斯雷利一起来到柏林，他们决定，把瓦拉几亚提升为一个独立的小公国。如果当时公国的王室能听从劝告搬到巴黎，那么，罗马尼亚（瓦拉几亚公国与摩尔达维亚公国在1859年时合并，合并后称为罗马尼亚）或许前途更为光明。

这是由于，这个处于喀尔巴阡山脉、特兰西瓦尼亚－阿尔卑斯山脉和黑海之间的大平原物产十分丰富，仿佛得到了大自然的厚爱。罗马尼亚不但成为如乌克兰那样丰饶、富裕的大粮仓，而且，在特兰西瓦尼亚山脉与瓦拉几亚平原相交的普洛耶什蒂市附近的地区，还会顺理成章地成为欧洲最大的石油出产地。

不幸的是，大地主们掌控着处于多瑙河与普鲁特河之间的瓦拉几亚和比萨拉比亚平原，这些大地主中的绝大多数人都不在当地居

---

① 俾斯麦（Leopold von Bismarck, 1815—1898），普鲁士王国首相(1862—1890)，德意志帝国第一任宰相，人称"铁血宰相"。
② 本杰明·迪斯雷利（Benjamin Disraeli, 1804—1881），英国保守党政治家，曾两次出任首相。

住，他们在首都布加勒斯特或者巴黎过着纸醉金迷的奢侈生活，却不会在那些辛勤劳动的下层百姓身上多花费一分。

至于石油的开采，则全部依赖外国的投资；同样地，外国人也经营着特兰西瓦尼亚的铁矿。匈牙利原本拥有这些广阔而富饶的山区，然而，在第一次世界大战后，应协约国的要求，匈牙利将这些山区划给了罗马尼亚，罗马尼亚则给予对方双倍的高额回报。

特兰西瓦尼亚原本是罗马尼亚达契亚省的一部分，直到12世纪，匈牙利人将它夺走，使它成为匈牙利的一部分。此外，匈牙利人对待特兰西瓦尼亚的罗马尼亚人，就如同罗马尼亚旧王国对待特兰西瓦尼亚的匈牙利少数民族一样。

因此，你可以说，这些让人绝望的、错综复杂的民族矛盾，除非所有民族主义的观点都消失于这个地球上，否则，永远无法解开。在这本书出版的年代，好像出现这种奇迹的概率也非常小。

按照最新的统计数字，前罗马尼亚王国的人口包括550万罗马尼亚人，波希米亚人、犹太人、保加利亚人、匈牙利人、亚美尼亚人及希腊人，累计50万。新的罗马尼亚（即所谓的大罗马尼亚）的居民累计有1700万，其中，73%

是罗马尼亚人，11%是匈牙利人，4.8%是乌克兰人，4.3%是日耳曼人，3.3%是居住在多瑙河三角洲南部的比萨拉比亚和多布罗加的俄罗斯人。

这些民族的历史复杂，而且彼此仇视，就任何方面而言，他们都不属于同一人种。然而，那次和会的和约人将他们强硬地划到了一起。有资料显示，那里随时存在爆发一次激烈的内战的可能性，除非那些外国投资者出于挽救他们的投资的目的而出面干涉。

俾斯麦曾说过，一个波米拉尼亚掷弹兵的攻击也会让整个巴尔干无法承受。人们发现，在这一问题上，就像他做过的其他很多事情一样，这个拥有铁血手腕的德意志帝国的缔造者或许是正确的。

第26章　芬兰

依靠辛勤劳动和智慧征服恶劣的自然环境的另一个成功案例

在我们离开欧洲之前，还有一个国家没有提到。现在，土耳其除了拥有君士坦丁堡城和色雷斯平原的一小块土地，它在欧洲早年所占有的领土并没有剩下多少。可是，芬兰作为欧洲的一部分这一事实，却是确凿无疑的。

芬兰人一度生活在整个俄罗斯，然而，他们被人多势众的斯拉夫人一直向北驱赶，直到到达连接俄罗斯与斯堪的纳维亚的那块狭窄、干燥的土地。就在那里，芬兰人定居下来，而且，从那时起，他们始终以这块土地为居住地。芬兰人并没有遭到生活在森林里的人数极少的拉普兰人的冲击，原因是拉普兰人迁移到斯堪的纳维亚半岛的拉普兰地区，十分愿意为来自欧洲的文明提供一个稳定的停泊处。

芬兰和所有欧洲国家不同。过去，冰川一直覆盖着芬兰的土地。芬兰原有的土壤被这些冰川销蚀得相当彻底，以至于直到现在，芬兰适合耕种的土地面积仅占国土面积的10%。这些慢慢流淌的冰河将冰碛石、石块和泥土冲刷下去，慢慢填进众多大峡谷的谷底。当冰河开始融化时，这些山谷里就积满了水，而这造成了芬兰境内遍布着大大小小的高山湖泊。

"高山湖泊"一词，并不会令人将芬兰想象成另一个瑞士——要知道，芬兰是一个低地之国，很少出现海拔高于500英尺的地方。这些湖泊的数量大概为40，000个。假若将连接湖泊的沼泽也包括在内，那么，它们的总面积占到了芬兰国土面积的30%。

极具价值的森林环绕着星罗棋布的湖泊，这些森林覆盖了芬兰国土的62%，或者说2/3以上。这里出产的一部分木材在芬兰被制造成纸张，而世界大部分地区的书籍和杂志用纸所需的纸浆，也都是从这里产出的。

然而，芬兰没有煤矿资源，好在，芬兰拥有足够多水流湍急的河流，可以用来发展水电。不过，由于芬兰的气候和瑞典的气候没什么差别，所以，每年会有五个月，这儿的河流处于结冰期，而在封冻期，水电站无法运转。为此，木材只好用船运到国外。芬兰的政治首都和主要的木材出口港就是赫尔辛基（直到第一次世界大战之前，还被称为赫尔辛弗斯）。

在我结束这一章内容之前，让我将你的注意力带到教育对人的作用这个有意思的主题上。

蒙古族的后代居住在斯堪的纳维亚和俄罗斯相连接在一起的地方。然而，瑞典人将这里的西半部分（即芬兰人居住的那部分）占领了，而卡累利阿人居住的东半部分，则变成了俄罗斯的领土。

东部的芬兰人在瑞典人 500 年的影响和统治下，已经变成了繁荣、文明的欧洲民族，在很多方面，都超过了自己那几个地理位置更优越的邻居。